BESTACTIVITYBOOKS.COM

Copyright © 2022 LINGUAS CLASSICS

Tutti i diritti riservati. Nessuna parte di questo libro può essere riprodotta o usata in alcun modo senza il permesso scritto del detentore del copyright, eccetto per l'uso di citazioni in una recensione del libro.

PRIMA EDIZIONE 2022

Illustrazione Grafica Extra: www.freepik.com
Grazie a Alekksall, Starline, Pch.vector, Rawpixel.com, Vectorpocket, Dgim-studio, Upklyak, Macrovector, Stockgiu, Pikisuperstar & Freepik.com Designers

Scoprire i Giochi Gratuiti Online

Disponibile Qui:

BestActivityBooks.com/FREEGAMES

5 CONSIGLI PER INIZIARE

1) COME RISOLVERE LE PAROLE INTRECCIATTE

I puzzle hanno un formato classico:

- Le parole sono nascoste senza spazi o trattini,...
- Orientamento: Le parole possono essere scritte in avanti, indietro, verso l'alto, verso il basso o in diagonale (possono essere invertite).
- Le parole possono sovrapporsi o intersecarsi.

2) APPRENDIMENTO ATTIVO

Accanto ad ogni parola c'è uno spazio per scrivere la traduzione. Per incoraggiare l'apprendimento attivo, un **DIZIONARIO** alla fine di questa edizione vi permetterà di controllare e ampliare le vostre conoscenze. Cerca e scrivi le traduzioni, trovale nel puzzle e aggiungile al tuo vocabolario!

3) SEGNARE LE PAROLE

Puoi inventare il tuo sistema di segni. Forse ne usi già uno? Per esempio, puoi segnare le parole difficili da trovare con una croce, le parole preferite con una stella, le parole nuove con un triangolo, le parole rare con un diamante, e così via.

4) STRUTTURARE L'APPRENDIMENTO

Questa edizione offre un **TACCUINO** alla fine del libro. In vacanza, in viaggio o a casa, puoi organizzare facilmente le tue nuove conoscenze senza bisogno di un secondo quaderno!

5) AVETE FINITO TUTTE LE GRIGLIE?

Nelle ultime pagine di questo libro, nella sezione della **SFIDA FINALE**, troverete un gioco gratuito!

Facile e veloce! Dai un'occhiata alla nostra collezione di libri di attività per il tuo prossimo momento di divertimento e **apprendimento,** a portata di clic!

Trova la tua prossima sfida su:

BestActivityBooks.com/MioProssimoLibro

Ai vostri posti, pronti...Via!

Sapevi che ci sono circa 7.000 lingue diverse nel mondo? Le parole sono preziose.

Amiamo le lingue e abbiamo lavorato duramente per creare libri di altissima qualità. I nostri ingredienti?

Una selezione di argomenti adatti all'apprendimento, tre buone porzioni di intrattenimento, una cucchiaiata di parole difficili e una spolverata di parole rare. Li serviamo con amore e entusiasmo in modo che tu possa risolvere i migliori giochi di parole e divertirti imparando!

La vostra opinione è essenziale. Puoi partecipare attivamente al successo di questo libro lasciandoci un commento. Ci piacerebbe sapere cosa ti è piaciuto di più di questa edizione.

Ecco un link veloce alla pagina dell'ordine:

BestBooksActivity.com/Recensione50

Grazie per il vostro aiuto e buon divertimento!

Tutta la squadra

1 - Scacchi

```
S  V  A  R  T  T  Y  K  M  J  K  M  P  P
S  P  E  L  A  R  E  U  O  W  P  R  A  C
N  R  E  M  X  V  Y  N  T  X  A  C  S  D
Y  M  H  L  T  R  B  G  S  Z  N  N  S  R
C  O  I  S  M  M  T  M  T  Y  E  I  I  O
T  I  D  T  N  Ä  M  R  Å  F  I  K  V  T
O  F  F  R  A  M  S  B  N  P  V  U  D  T
K  L  W  A  C  U  N  T  D  B  O  S  U  N
C  P  P  T  Z  F  K  B  A  T  K  Ä  N  I
W  W  R  E  G  L  E  R  R  R  W  O  N  N
D  I  A  G  O  N  A  L  E  R  E  J  O  G
M  I  V  I  T  Ä  V  L  I  N  G  R  U  J
H  I  X  M  U  T  M  A  N  I  N  G  A  R
F  T  U  R  N  E  R  I  N  G  U  Y  R  B
```

MOTSTÅNDARE	POÄNG
VIT	KUNG
MÄSTARE	DROTTNING
TÄVLING	REGLER
DIAGONAL	OFFRA
SPELARE	UTMANINGAR
SPEL	STRATEGI
SVART	TID
PASSIV	TURNERING

2 - Strumenti

```
V A V A E I H R O S K R U V
I C M I C T W B D W N P R V
W G B F K A B E L I I W L J
W Y S H A M M A R E V B V C
T L O I M C S K Y F F E L K
G Å O C J G K T K V J D I L
G Y N H J U L L E R S T M U
Z J A G A O M K A G V X J B
U C B S L I N J A L E S Z B
A R H Ä F T A P P A R A T A
V D C S D E G S P D Y X A N
G E X D M R R A K K N I V O
G C L W U E E C Z H Z V N S
U D W B Y M P D N D S R R O
```

YXA	SKYFFEL
KABEL	TÅNG
LIM	RAKKNIV
KNIV	LINJAL
REP	HJUL
HÄFTAPPARAT	STEGE
SAX	FACKLA
KLUBBA	SKRUV
HAMMARE	

3 - Aggettivi #2

```
N T N I N T R E S S A N T M
V O D A S K R E A T I V G O
C R J R T A U T E N T I S K
E R V M A U F R I S K A W Z
V C H S R M R S L N Z S Ö T
U C A M K F A L G K H T M L
X P R O D U K T I V H O G T
R H M O J J A M I G B L R M
C E L E G A N T L S S T J C
P Z N O R M A L M Z K Ä N D
H U N G R I G A S I S C Y U
N V E Z D N G H D K A O E O
X Z P F T Y U J A Z L U P E
A N S V A R I G Z J T S D N
```

HUNGRIG	NATURLIG
TORR	NORMAL
AUTENTISK	NY
KREATIV	STOLT
SÖT	PRODUKTIV
DRAMATISK	REN
ELEGANT	ANSVARIG
KÄND	SALT
STARK	FRISKA
INTRESSANT	

4 - Mobili

```
H M S P E G E L F M M E Z G
Ä F A K X A D R L P A B Z I
N Å G T R D C L J P D Y G U
G T A B T I S T O L R E W C
M Ö R O K A V P R B A P L J
A L D K D U G B Z Z S K A H
T J I H D U D Y O D S U M Y
T B N Y L N H D V R O D P L
A Ä E L R E J G E X D D A L
V N R L C D S O F F A A S O
Y K E A S Ä N G M O T R E R
L T N M V J I F U T O N Y O
A S B N T K W G E A J O D Y
S D T V W H J L J J L Y S W
```

HÄNGMATTA
KUDDAR
KUDDE
SOFFA
FUTON
LAMPA
SÄNG
BOKHYLLA
MADRASS

BÄNK
FÅTÖLJ
HYLLOR
SKRIVBORD
STOL
SPEGEL
MATTA
GARDINER

5 - Pesca

```
U T R U S T N I N G F H L P
F B G U V G P A S W O C U P
S E P I R I D B T C P W S R
B T N A N C K Å R G Ä L A R
Z E C O A E R T A U Z V Y J
Ö A K L R N O T N T H A V Y
G V G K E Z K Å D O V T D E
D B E G T F O L Z E L T N G
V G O R Z S C A G Y G E U M
T R Å D D K K M U I V N R S
K Ä K E I R K O R G N R K F
T N A R H G I D S Ä S O N G
U M O U N C Z F Z H S J Ö F
R H U K P P C I T F L O D J
```

VATTEN

UTRUSTNING

BÅT

GÄLAR

KORG

KOCK

ÖVERDRIFT

BETE

TRÅD

FLOD

KROK

SJÖ

KÄKE

HAV

TÅLAMOD

VIKT

FENOR

STRAND

SÄSONG

6 - Aggettivi #1

```
L Y A W B B T V N V U E S P
Å T M V L W U U I P Y H D E
N U B F L Å N G N K N A H R
G N I B C N G J B N T U E F
S G T A K T I V X X B I P E
A P I A R O M A T I S K G K
M Y Ö G O F V D Ä R L I G T
M N S E N O R M B E A M M W
I D E N T I S K K L W O D Z
S Y Z E E X O T I S K D G X
X L S R Z W D W O Z P E X X
M K D Ö M P W P A R M R M B
Z A B S O L U T G B K N U B
K O N S T N Ä R L I G Y M U
```

AMBITIÖS
AROMATISK
KONSTNÄRLIG
ABSOLUT
AKTIV
ENORM
EXOTISK
GENERÖS
UNG
STOR

IDENTISK
VIKTIG
LÅNGSAM
LÅNG
MODERN
ÄRLIG
PERFEKT
TUNG
TUNN

7 - Geologia

```
E C D U U H Z M L A V A E G
A K A L C I U M A N P W R D
N O Z B I E S F G K S F O T
K N O Z Y C C Y E J A M S T
R T G R O T T A R H L S I W
I I P L A T Å B K A T T O F
S N G J K V A R T S C E N O
T E E K O V U L K A N N V S
A N J O R D B Ä V N I N G S
L T S T A L A G M I T E R I
L Z E W L L F Y G N B V I L
E G R H L M I N E R A L E R
R S T A L A K T I T L H O L
S V J X Z C B S T Z Y P M H
```

SYRA	LAVA
PLATÅ	MINERALER
KALCIUM	STEN
GROTTA	KVARTS
KONTINENT	SALT
KORALL	STALAGMITER
KRISTALLER	STALAKTIT
EROSION	LAGER
FOSSIL	JORDBÄVNING
GEJSER	VULKAN

8 - Campeggio

```
I  L  Z  H  J  A  S  P  L  P  D  T  T  R
V  N  R  O  X  I  X  J  V  U  T  R  J  E
K  A  S  K  A  N  O  T  Ö  E  L  Ä  A  P
F  M  S  E  B  E  R  G  H  Z  L  D  K  N
B  P  U  X  K  O  M  P  A  S  S  D  T  K
R  O  L  I  G  T  Å  K  T  T  Ä  L  T  N
J  U  O  D  M  R  N  A  T  U  R  S  M  M
V  V  C  J  V  D  E  G  X  G  X  M  K  Ä
J  A  L  U  H  Ä  N  G  M  A  T  T  A  V
R  A  M  R  V  I  K  W  Z  A  B  E  R  E
T  N  G  T  P  K  X  N  H  S  O  B  T  N
R  R  A  G  G  W  X  H  D  K  I  K  A  T
N  Y  B  H  S  V  N  F  P  O  M  R  Z  Y
V  O  I  M  D  O  G  P  H  G  Y  O  S  R
```

TRÄD	ROLIGT
HÄNGMATTA	SKOG
DJUR	ELD
ÄVENTYR	INSEKT
KOMPASS	SJÖ
STUGA	MÅNE
JAKT	KARTA
KANOT	BERG
HATT	NATUR
REP	TÄLT

9 - Arti Visive

```
A M Ä S T E R V E R K M S H
G P K S T A F F L I E L T W
Y O L H K W M A Z B R F E C
K R I T A U Å L E R A O N K
T T L T Z G L H P U M T C R
D R I A F W N P B V I O I E
R Ä Ä O C R I F T J K G L A
I T J K W N I D U G R L T
J T N U O C G L M E R A K I
L A W A A L I M K E M F F V
A R K I T E K T U R W I R I
P E R S P E K T I V A X I T
P E N N A K O N S T N Ä R E
X R P R D I E O X C Z V U T
```

ARKITEKTUR	FOTOGRAFI
LERA	KRITA
KONSTNÄR	PENNA
MÄSTERVERK	MÅLNING
TRÄKOL	PERSPEKTIV
STAFFLI	PORTRÄTT
VAX	SKULPTUR
KERAMIK	STENCIL
KREATIVITET	LACK
FILM	

10 - Esplorazione

```
U  Y  E  L  A  F  W  S  U  S  N  T  H  R
N  P  R  B  I  G  K  P  T  V  P  R  G  S
I  T  C  R  H  B  U  Ä  M  V  S  R  M  N
I  Y  E  B  L  X  U  N  A  G  V  W  Å  A
B  K  K  R  G  R  X  N  T  R  Y  M  D  K
E  R  A  N  R  P  N  I  T  F  H  U  Z  Y
S  E  C  J  Z  Ä  V  N  N  A  H  Z  V  V
T  S  H  E  T  E  N  G  I  R  G  J  K  C
Ä  A  S  L  W  R  Y  G  N  L  V  I  L  D
M  R  I  S  K  E  R  G  G  I  D  D  T  X
N  O  K  Ä  N  D  A  L  B  G  J  G  X  E
I  U  D  D  V  A  R  Z  Z  L  U  Y  C  U
N  K  U  L  T  U  R  E  R  U  R  D  X  P
G  A  K  T  I  V  I  T  E  T  E  G  C  P
```

DJUR	NY
AKTIVITET	RISKER
MOD	FARLIG
KULTURER	OKÄND
BESTÄMNING	VILD
SPÄNNING	RYMD
UTMATTNING	TERRÄNG
SPRÅK	RESA

11 - Tempo

```
Å  R  H  U  N  D  R  A  D  E  N  N  I  L
R  R  K  L  K  A  O  S  M  H  B  U  B  F
C  W  T  N  A  G  Z  T  T  O  D  Y  I  R
T  P  P  I  M  I  D  D  A  G  U  A  L  A
S  T  F  I  O  P  J  K  L  O  C  K  A  M
I  O  V  R  R  N  A  T  T  U  L  Z  C  T
J  O  C  S  G  V  D  C  V  Å  I  C  D  I
C  N  T  I  O  H  Z  E  L  G  R  O  A  D
E  C  X  T  N  S  N  A  R  T  B  L  G  K
F  T  F  F  Y  L  J  L  C  I  V  M  I  F
T  Ö  M  I  N  U  T  I  M  M  E  Å  F  G
E  G  R  M  K  O  I  D  A  G  C  N  F  O
R  R  R  E  I  G  Å  R  X  P  K  A  O  E
K  A  L  E  N  D  E  R  S  F  A  D  X  D
```

ÅR	MIDDAG
ÅRLIG	MINUT
KALENDER	NATT
ÅRTIONDE	IDAG
EFTER	TIMME
FRAMTID	KLOCKA
DAG	SNART
IGÅR	FÖRE
MORGON	ÅRHUNDRADE
MÅNAD	VECKA

12 - Astronomia

```
O  L  Z  E  N  E  B  U  L  O  S  A  X  H
K  B  R  A  R  H  M  H  M  J  T  E  X  I
R  O  S  O  L  O  P  P  M  O  R  A  D  M
X  A  S  E  A  L  L  V  A  R  Å  S  A  M
C  W  K  M  R  X  R  G  B  D  L  T  G  E
J  E  D  E  O  V  C  P  M  Å  N  E  J  L
Y  T  G  T  T  S  A  O  K  G  I  R  Ä  T
C  Z  X  E  P  A  S  T  R  O  N  O  M  E
C  Z  B  O  C  V  G  R  O  F  G  I  N  L
A  S  T  R  O  N  A  U  T  R  C  D  I  E
K  O  N  S  T  E  L  L  A  T  I  O  N  S
C  H  P  P  P  L  A  N  E  T  I  U  G  K
C  L  K  O  G  O  X  C  C  Z  A  I  M  O
S  U  P  E  R  N  O  V  A  G  I  G  A  P
```

ASTEROID	METEOR
ASTRONAUT	NEBULOSA
ASTRONOM	OBSERVATORIUM
HIMMEL	PLANET
KOSMOS	STRÅLNING
KONSTELLATION	RAKET
DAGJÄMNING	SUPERNOVA
GALAX	TELESKOP
ALLVAR	JORD
MÅNE	

13 - Circo

```
E X T T M U K B L H A E L Z
M U S I K C K I A P A L E S
T Y E T G E M L W A D E J P
R R Z K Ä E R J P R E F O Y
O Z C C A L R E R A L A N H
L E C V K D T T B D N N T D
L M G L R S R T J G Y T J R
K A N U O B A L L O N G E R
A G V R B W W Y P D J U R A
R I A A A Y N C U I L W S V
L B C O T R S K O S T Y M D
S P E K T A K U L Ä R P B L
H Z X W Y X Å S K Å D A R E
J O N G L Ö R H M S S O D J
```

AKROBAT
DJUR
BILJETT
GODIS
CLOWN
KOSTYM
ELEFANT
JONGLÖR
LEJON
MAGI

TROLLKARL
MUSIK
BALLONGER
PARAD
APA
SPEKTAKULÄR
ÅSKÅDARE
TÄLT
TIGER
LURA

14 - Mitologia

```
A G U D O M W H E S N K B Y
K R G G C U O O F O F G E C
S U K R I G A R E B V U T P
V L L E O D Ö D L I G H E T
A H A T T S K A P A N D E M
R J H B U Y M A G I S K N O
T Ä Ä W Y R P J Å E T A D N
S L M V A R E L S E Y T E S
J T N D V W I W K A R A A T
U E D Y M H B N A H K S H E
K V R R L F L W T A A T Y R
A N F S X W I A Z D G R J Y
L E G E N D X F H H N O X Y
D Ö D L I G T Y R G C F Y H
```

ARKETYP	SVARTSJUKA
BETEENDE	KRIGARE
VARELSE	ODÖDLIGHET
SKAPANDE	LABYRINT
KULTUR	LEGEND
KATASTROF	MAGISK
GUDOM	DÖDLIG
HJÄLTE	MONSTER
STYRKA	ÅSKA
BLIXT	HÄMND

15 - Piante

```
A S T H W Y Z I D V B Ä R M
T P K R O N B L A D Ö R R A
R J K O Ä C Z E B B N G O S
Ä D K T G D O A D Z A N T R
D L A R L K G L Ö V V E R K
L T K K R G C Å Y G Ä R W U
M G T S J H F V R N X C H P
H B U S K E G E X D A G V V
B F S X U Z K W E H O G R U
W M U R G R Ö N A T S Ö M R
F L O R A F Z E Y U H D T G
G R Ä S B O T A N I K S D M
F L E D S B L O M M A E X B
C J P Z B A M B U H R L H J
```

TRÄD	GÖDSEL
BÄR	BLOMMA
BAMBU	FLORA
BOTANIK	LÖVVERK
KAKTUS	SKOG
BUSKE	TRÄDGÅRD
VÄXA	MOSSA
MURGRÖNA	KRONBLAD
GRÄS	ROT
BÖNA	

16 - Spezie

```
S  V  I  T  L  Ö  K  P  K  V  K  I  O  N
B  A  I  J  Z  U  P  A  U  A  O  N  V  F
G  I  F  D  Z  Z  S  P  M  N  R  G  L  M
P  D  T  F  K  W  V  R  M  I  I  E  A  C
P  Y  T  T  R  D  F  I  I  L  A  F  K  X
A  N  I  S  E  A  A  K  N  J  N  Ä  R  L
I  S  Ö  T  H  R  N  A  D  Z  D  R  I  L
K  A  R  D  E  M  U  M  M  A  E  A  T  Ö
M  L  K  T  F  U  R  O  J  I  R  P  S  K
M  T  S  K  G  S  G  U  R  K  M  E  J  A
C  U  R  R  Y  K  A  N  E  L  M  P  H  Y
U  Z  V  G  Z  O  D  J  G  H  K  P  V  M
Z  M  H  H  Y  T  W  W  F  D  V  A  B  K
F  Ä  N  K  Å  L  M  E  K  W  O  R  X  B
```

VITLÖK	SÖT
BITTER	FÄNKÅL
ANIS	LAKRITS
KANEL	MUSKOT
KARDEMUMMA	PAPRIKA
LÖK	PEPPAR
KORIANDER	SALT
KUMMIN	VANILJ
GURKMEJA	SAFFRAN
CURRY	INGEFÄRA

17 - Numeri

```
S  J  X  X  R  N  U  P  L  I  S  D  X  F
J  R  C  I  Y  I  Z  K  J  S  J  K  Z  J
U  Z  T  I  O  O  L  W  U  F  U  R  N  O
S  L  R  A  G  M  L  J  G  W  T  Y  I  R
D  S  E  A  M  Y  U  I  G  D  T  L  T  T
F  E  B  T  B  T  R  E  T  T  O  N  T  O
P  X  C  Y  S  O  V  F  Y  W  N  H  O  N
K  T  Y  I  K  L  U  Å  T  T  A  P  N  O
W  O  I  I  M  V  S  O  H  J  Z  A  K  A
G  N  B  E  U  A  H  F  E  M  T  O  N  R
T  J  U  G  O  I  L  Y  F  P  E  Y  N  T
Y  M  T  U  L  J  J  R  S  E  X  Y  Z  O
A  Z  R  D  K  I  M  A  G  T  M  U  V  N
N  O  L  L  N  J  P  X  I  Z  L  V  A  Y
```

FEM	FJORTON
DECIMAL	FYRA
NITTON	FEMTON
SJUTTON	SEXTON
ARTON	SEX
TIO	SJU
TOLV	TRE
TVÅ	TRETTON
NIO	TJUGO
ÅTTA	NOLL

18 - Cioccolato

```
J  P  B  W  H  I  S  C  C  I  B  G  A  H
D  O  U  X  N  W  M  C  K  T  P  O  N  U
D  B  R  L  M  P  A  K  O  F  X  D  T  T
X  M  R  D  V  G  K  A  K  A  O  I  I  L
G  M  P  M  N  E  V  F  O  V  K  S  O  I
U  A  W  L  I  Ö  R  Y  S  O  A  A  X  N
L  Ä  C  K  E  R  T  H  L  R  L  K  I  G
K  V  A  L  I  T  E  T  R  I  O  T  D  R
S  O  C  K  E  R  X  Z  E  T  R  P  A  E
Ö  K  S  N  H  K  O  F  C  R  I  K  N  D
T  E  F  T  B  I  T  T  E  R  E  O  T  I
G  C  W  U  B  K  I  T  P  C  R  L  H  E
K  O  L  M  P  X  S  X  T  D  G  A  M  N
D  V  K  J  P  T  K  A  R  O  M  P  K  S
```

BITTER	EXOTISK
ANTIOXIDANT	SMAK
JORDNÖTTER	INGREDIENS
AROM	KOKOS
KAKAO	PULVER
KALORIER	FAVORIT
GODIS	KVALITET
KOLA	RECEPT
LÄCKER	SOCKER
SÖT	

19 - Guida

```
F P H A S T I G H E T P G C
A H O X L P M K K W J V V R
R S M L W O O H M G I L J E
A Z O W I G T U N N E L V T
A T T F O S O B L I C E N S
B R O M S A R I R V V N B O
G A R A G E C L B F G Z R K
A F V N P S Y O O E E C Ä A
S I Ä B A Y K X L H P S N R
L K G L A D E X C Y V Z S T
K N Z J W C L E V K C X L A
Y R T R A N S P O R T K E J
S Ä K E R H E T B U S S A P
I G J J F O T G Ä N G A R E
```

BIL	MOTOR
BUSS	FOTGÄNGARE
BRÄNSLE	FARA
BROMSAR	POLIS
GARAGE	SÄKERHET
GAS	VÄG
OLYCKA	TRAFIK
LICENS	TRANSPORT
KARTA	TUNNEL
MOTORCYKEL	HASTIGHET

20 - Sport

```
R  T  N  D  N  R  V  I  N  N  A  R  E  Y
G  Ö  J  O  V  R  X  I  J  N  Y  S  X  Z
G  Y  R  T  R  Ä  N  A  R  E  B  S  A  B
O  A  M  E  B  D  S  P  E  L  A  R  E  A
L  S  Y  N  L  I  U  W  O  P  S  T  E  S
F  Z  T  N  A  S  G  H  O  C  K  E  Y  E
A  C  V  A  J  S  E  X  N  Y  E  A  D  B
Y  P  W  E  D  Y  I  G  V  K  T  M  O  O
M  T  X  E  S  I  S  U  X  E  W  M  M  L
T  E  N  N  I  S  O  G  M  L  U  L  A  L
C  S  P  E  L  L  Y  N  W  G  Z  H  R  H
I  D  R  O  T  T  A  R  E  J  B  T  E  B
G  Y  M  N  A  S  T  I  K  X  A  S  L  L
M  Ä  S  T  E  R  S  K  A  P  K  R  L  R
```

TRÄNARE	SPEL
DOMARE	GOLF
IDROTTARE	HOCKEY
BASEBOLL	RÖRELSE
BASKET	GYMNASIUM
CYKEL	TEAM
MÄSTERSKAP	STADION
GYMNASTIK	TENNIS
SPELARE	VINNARE

21 - Giocattoli

```
P  V  M  M  G  W  T  F  Ä  R  G  F  M  Z
D  U  T  X  B  H  O  H  M  L  O  M  B  U
R  T  S  P  E  L  K  N  G  J  T  B  I  L
A  X  C  S  H  A  N  T  V  E  R  K  O  W
K  R  H  E  E  N  D  F  I  E  U  F  E  T
E  K  A  F  E  L  E  R  A  T  M  I  Y  Å
Z  K  C  A  K  A  B  Å  T  W  M  M  R  G
S  Y  K  V  T  S  O  N  B  C  O  O  V  O
I  D  Z  O  X  T  L  B  T  Ö  R  T  V  T
S  O  D  R  E  B  L  S  M  I  C  M  C  G
E  C  S  I  Y  I  V  A  P  R  Y  K  G  G
G  K  S  T  T  L  A  M  X  Z  K  G  E  H
F  A  N  T  A  S  I  M  V  D  E  W  A  R
F  L  Y  G  P  L  A  N  J  U  L  R  H  J
```

FLYGPLAN	SPEL
DRAKE	FANTASI
LERA	BÖCKER
HANTVERK	BOLL
BIL	FAVORIT
DOCKA	PUSSEL
BÅT	ROBOT
TRUMMOR	SCHACK
CYKEL	TÅG
LASTBIL	FÄRG

22 - Strumenti di Cottura

```
K  B  R  J  W  Z  F  L  I  V  S  R  Y  E
N  L  I  X  R  G  T  O  N  A  Z  P  X  W
I  A  V  H  L  A  E  C  F  T  H  B  I  H
V  N  J  J  Z  F  R  K  J  T  Z  E  W  S
R  D  Ä  D  H  F  M  G  U  E  N  S  O  I
G  A  R  R  M  E  O  K  I  N  S  T  T  C
J  R  N  J  C  L  M  Y  C  K  H  I  V  S
U  E  S  P  A  T  E  L  E  O  S  C  L  A
G  Z  A  S  G  D  T  S  P  K  Y  K  T  M
N  A  X  U  S  U  E  K  R  A  V  J  E  U
A  R  K  F  A  D  R  Å  E  R  G  J  A  D
Z  L  J  B  O  Z  P  P  S  E  W  M  I  Z
D  U  R  K  S  L  A  G  S  W  G  K  A  F
M  K  O  M  B  R  Ö  D  R  O  S  T  X  F
```

VATTENKOKARE	KYLSKÅP
DURKSLAG	BLANDARE
KNIV	RIVJÄRN
LOCK	BESTICK
SKED	SPATEL
SIL	JUICEPRESS
SAX	SPIS
GAFFEL	TERMOMETER
UGN	BRÖDROST

23 - Uccelli

```
Y S T O R K P I N G V I N Z
T T W D P I Y W J T D B N T
Z R F C I G B C W B G E F J
E U B P Z E W J K W N T O X
F T L E L Ö R N Ä L N K U G
G S F L A M I N G O I S W J
H Ö K I Z T S Z G Ö M N Z A
V D X K A N K A P O K T G R
A D I A O H Ä G E R M Å S B
A A V N J L H O Å P Z X P W
P Å F Å G E L O A S O H A O
U F A R A P Y D U V A E R W
C X P A P E G O J A D Z V A
M C T O U C A N L N Y W J J
```

HÄGER	PAPEGOJA
ANKA	SPARV
ÖRN	PÅFÅGEL
STORK	PELIKAN
SVAN	DUVA
GÖK	PINGVIN
HÖK	KYCKLING
FLAMINGO	STRUTS
MÅS	TOUCAN
GÅS	ÄGG

24 - Giorni e Mesi

```
D E C E M B E R M M Å N A D
H S N X N L N V P Å S H A R
L Ö R D A G O L B N Ö H J Z
O D R L W I V Å O D N A D Z
K A L E N D E R N A D M Y L
T I S D A G M V S G A B G P
O F A E Y N B L D U G E C J
B E U T P L E X A P R I L U
E B G L N T R C G I W F L N
R R U L V R E U N E K M V I
R U S K E G S M J U L I R A
A A T F C K L D B C K L H B
R R I U K U P F R E D A G J
O I N J A N U A R I R W L E
```

AUGUSTI
ÅR
APRIL
KALENDER
DECEMBER
SÖNDAG
FEBRUARI
JANUARI
JUNI
JULI

MÅNDAG
TISDAG
ONSDAG
MÅNAD
NOVEMBER
OKTOBER
LÖRDAG
SEPTEMBER
VECKA
FREDAG

25 - Casa

```
L A M P A W J Y R C D H O E
B I B L I O T E K B C Ö T K
K R A N V P S I Y R H M R G
X V L K I H P S T A K E T R
B A A O N W E K A I E X M U
F G M S D P G O K G S P Z M
Ö K T P T N E R G V Ä G G T
N U X F B Y L S B W O A O R
S A R L G C U T K Ö K R L Ä
T M J Z E K V E G R D A V D
E F A A U L Z N B O W G B G
R M T T D A D U S C H E C Å
P D C E T R L T P T W N E R
N L W R F A H P V D S S B D
```

VIND
BIBLIOTEK
RUM
SKORSTEN
NYCKLAR
KÖK
DUSCH
FÖNSTER
GARAGE
TRÄDGÅRD

LAMPA
VÄGG
GOLV
DÖRR
STAKET
KRAN
KVAST
SPEGEL
MATTA
TAK

26 - Ristorante #1

```
I N G R E D I E N S E R A Y
P L A T T A M V G Å I K L P
I D I K N I V M S S T L L I
A R K A F F E S E K Ö K E G
C A W S U S Z E R N P K R U
E X D S K Ö T T V I Y S G K
H F Z Ö X B R C I R K J I R
H C T R I R R F T M Y U O Y
Z U T E R Ö W O R O C C L D
M A T P R D P W I S K Å L D
K T E H F R N D S F L B C A
S E I B O O Ä X N W I L N D
B O K N I N G T D T N A J K
S E R V E T T V T O G B B V
```

ALLERGI	INGREDIENSER
KAFFE	MENY
SERVITRIS	BRÖD
KÖTT	PLATTA
KASSÖR	KRYDDAD
MAT	KYCKLING
SKÅL	BOKNING
KNIV	SÅS
KÖK	SERVETT
EFTERRÄTT	

27 - Fantascienza

```
R  P  L  A  N  E  T  B  P  M  B  I  M  B
C  O  P  W  R  B  T  U  E  L  D  V  Y  I
O  R  B  Ö  C  K  E  R  X  F  Z  I  S  O
F  E  X  O  W  X  M  M  T  X  W  M  T  H
F  A  X  P  T  P  V  Ä  R  L  D  A  I  I
E  L  N  P  Z  A  S  Y  E  M  T  G  S  L
D  I  D  T  L  M  R  J  M  H  O  I  K  L
Y  S  B  R  A  O  R  A  K  E  L  N  B  U
S  T  J  O  G  S  S  A  T  A  B  Ä  C  S
T  I  I  G  A  Z  T  I  D  G  W  R  J  I
O  S  G  E  L  Z  T  I  O  X  P  O  T  O
P  K  O  N  A  T  O  M  S  N  Y  I  K  N
I  X  O  U  X  B  F  T  E  K  N  I  K  R
Y  R  T  U  T  O  P  I  M  V  D  C  J  W
```

ATOM	IMAGINÄR
BIO	BÖCKER
DYSTOPI	MYSTISK
EXPLOSION	VÄRLD
EXTREM	ORAKEL
FANTASTISK	PLANET
ELD	REALISTISK
TROGEN	ROBOTAR
GALAX	TEKNIK
ILLUSION	UTOPI

28 - Città

```
K  L  B  O  K  H  A  N  D  E  L  S  M  Z
V  L  A  Z  M  U  S  E  U  M  V  K  A  O
B  J  I  G  E  W  I  D  C  R  I  O  R  O
S  K  O  N  R  B  H  Z  F  E  W  L  K  E
Y  I  D  S  I  A  P  Z  R  S  E  A  N  P
E  K  B  A  N  K  J  F  E  T  F  N  A  A
F  L  Y  G  P  L  A  T  S  A  B  H  D  M
X  T  S  Y  X  J  M  Z  L  U  A  O  G  A
M  E  S  T  P  U  K  A  G  R  G  T  A  T
P  A  L  B  A  B  C  K  G  A  E  E  L  A
F  T  N  I  O  D  O  J  O  N  R  L  L  F
P  E  V  O  G  Z  I  X  I  G  I  L  E  F
M  R  H  K  B  A  P  O  T  E  K  I  R  Ä
R  S  V  X  C  J  F  F  N  V  P  O  I  R
```

FLYGPLATS	MUSEUM
BANK	LAGRA
BIO	BAGERI
KLINIK	RESTAURANG
APOTEK	SKOLA
GALLERI	STADION
HOTELL	MATAFFÄR
BOKHANDEL	TEATER
MARKNAD	ZOO

29 - Virtù #1

```
A  V  G  Ö  R  A  N  D  E  K  L  O  K  E
O  B  E  R  O  E  N  D  E  O  P  P  H  F
I  I  C  B  L  B  M  N  I  N  R  A  J  F
L  N  F  Y  R  E  N  Y  Z  S  A  S  Ä  E
J  L  T  R  R  A  J  F  A  T  K  S  L  K
F  Y  L  E  B  P  D  I  A  N  T  I  P  T
W  H  O  H  L  Å  K  K  R  Ä  I  O  S  I
A  I  U  J  Y  L  G  E  C  R  S  N  A  V
I  Y  U  E  G  I  I  N  R  L  K  E  M  L
N  D  A  F  S  T  V  G  M  I  F  R  U  K
E  C  K  U  A  L  U  T  E  G  B  A  V  J
C  H  A  R  M  I  G  X  E  N  C  D  B  L
R  O  L  I  G  G  R  K  V  P  T  N  M  D
G  E  N  E  R  Ö  S  P  A  T  I  E  N  T
```

CHARMIG	GENERÖS
PÅLITLIG	OBEROENDE
PASSIONERAD	INTELLIGENT
KONSTNÄRLIG	BLYGSAM
BRA	PATIENT
NYFIKEN	PRAKTISK
AVGÖRANDE	REN
ROLIG	KLOK
EFFEKTIV	HJÄLPSAM

30 - Compleanno

```
E H Z J E A M Z C K O R T K
W K M V Z Å D A X M C K I A
O U V S Ä R S K I L D A D L
B N Ä R O L I G T E K J A E
O R N F K Y N L N Z M X G N
U O N P M C V A K A K A Å D
E F E L S K F D F R P M V E
W B R A U L I Ö H P D N A R
U R C N A I R W D D I U P W
Y N U A E G A I L D K D Y J
F F G G A O N S Å J S G H H
V I S D O M D O T D U A U D
U F R O P O E A N C L S L U
I N B J U D N I N G A R G T
```

VÄNNER	DAG
ÅR	UNG
KALENDER	BRA
LJUS	INBJUDNINGAR
LÅT	FÖDD
KORT	GÅVA
FIRANDE	VISDOM
ROLIGT	SÄRSKILD
LYCKLIG	TID
GLAD	KAKA

31 - Fattoria #1

```
S  T  M  G  G  O  R  H  E  F  H  K  L  I
D  V  F  V  R  B  I  H  F  G  U  A  S  C
K  A  T  T  I  Å  S  N  A  R  N  L  T  Z
O  T  E  K  S  T  A  K  E  T  D  V  G  M
S  T  U  W  Y  L  R  U  F  T  W  J  J  Z
I  E  X  T  H  C  O  P  O  P  E  J  X  N
K  N  G  E  T  O  K  M  Z  M  B  O  H  J
W  K  Ö  N  B  A  N  L  U  Z  D  R  D  V
U  D  D  F  R  L  R  U  I  J  B  D  C  H
F  B  S  R  I  B  J  F  N  N  I  B  X  Ö
V  Ä  E  Ö  G  E  H  L  O  G  G  R  B  B
I  T  L  N  I  P  Ä  O  A  L  N  U  E  I
K  V  C  T  O  F  S  C  D  B  G  K  B  F
D  E  A  A  P  A  T  K  E  Z  H  H  S  S
```

VATTEN	KATT
JORDBRUK	FLOCK
BI	GRIS
ÅSNA	HONUNG
FÄLT	KO
HUND	KYCKLING
GET	STAKET
HÄST	RIS
GÖDSEL	FRÖN
HÖ	KALV

32 - Paesaggi

```
T  E  U  V  S  U  V  S  G  R  O  T  T  A
R  W  C  K  F  T  U  A  D  E  Y  F  L  S
S  J  Ö  V  A  R  L  N  X  I  J  X  M  E
V  F  B  T  W  Ä  K  D  I  E  M  S  F  C
H  A  L  V  Ö  S  A  D  G  F  G  K  E  G
B  H  T  E  H  K  N  Y  L  D  L  Z  L  R
M  T  U  T  D  A  L  N  A  A  E  O  A  S
H  L  N  B  E  R  G  E  C  I  T  F  D  I
U  G  D  E  U  N  A  R  I  S  B  E  R  G
V  R  R  H  X  M  F  O  Ä  W  K  H  R  N
I  X  A  V  W  K  W  A  R  H  U  A  M  V
Ö  K  E  N  E  A  T  S  L  R  L  V  F  M
S  T  R  A  N  D  Ö  A  T  L  L  L  H  G
W  U  F  L  P  J  A  B  L  X  E  P  L  L
```

VATTENFALL	HAV
KULLE	BERG
ÖKEN	OAS
SANDDYNER	TRÄSK
FLOD	HALVÖ
GEJSER	STRAND
GLACIÄR	TUNDRA
GROTTA	DAL
ISBERG	VULKAN
SJÖ	

33 - Ristorante #2

```
R R U H C G R Ö N S A K E R
J T V J H Y L F M D K B X A
S O P P A I A K S B H M S H
K O F E M I D D A G R G G S
E D O A V R S A L T M P D E
D A T E A W A C F K C R H R
C Ä G G T F L W N R L C D V
G Y T W T W L V F Y U G I I
M F K G E R A E E D N K J T
O I K A N C D S B D C F T Ö
A S W F K P R J E O H A T R
W K H F W A Y C K R S T O L
I Y I E X Z C R M I Z S W Z
H K A L Ä C K E R B J E N N
```

VATTEN	SOPPA
DRYCK	FISK
SERVITÖR	LUNCH
MIDDAG	SALT
SKED	STOL
LÄCKER	KRYDDOR
GAFFEL	KAKA
FRUKT	ÄGG
IS	GRÖNSAKER
SALLAD	

34 - Giardino

```
T  K  D  S  C  D  P  B  X  V  A  S  B  I
Z  I  N  O  H  P  W  X  Ä  I  F  L  U  U
G  R  Ä  S  T  A  K  E  T  N  V  A  S  D
O  G  R  Ä  S  U  L  E  V  J  K  N  K  F
H  Ä  N  G  M  A  T  T  A  K  O  G  E  S
R  Ä  F  S  A  U  S  N  S  T  A  R  T  K
A  O  T  R  Ä  D  G  Å  R  D  G  U  D  Y
W  N  P  E  T  R  A  M  P  O  L  I  N  F
R  E  X  G  R  Ä  S  M  A  T  T  A  G  F
G  X  C  F  A  R  H  K  H  P  S  C  Y  E
B  L  O  M  M  A  A  P  T  Z  C  A  R  L
O  P  K  N  B  R  S  S  G  A  R  A  G  E
T  R  Ä  D  A  M  M  D  S  K  F  G  U  K
F  R  U  K  T  T  R  Ä  D  G  Å  R  D  S
```

TRÄD	BÄNK
HÄNGMATTA	GRÄSMATTA
BUSKE	RÄFSA
GRÄS	STAKET
OGRÄS	DAMM
BLOMMA	JORD
FRUKTTRÄDGÅRD	TERRASS
GARAGE	TRAMPOLIN
TRÄDGÅRD	SLANG
SKYFFEL	VIN

35 - Frutta

```
D W Z J N B Ä R N V F V N A
R L C O A E B P S F D G Z P
U U H Ä N K K A P R Z M A E
V P A P A Y A T N J J E V L
A H L P N G A E A A C L O S
O O L L A X P E P R N O K I
M P O E S P R U Ä Y I N A N
A L N P W C I T R O N N D K
N O P G B H K F O X J R O Ö
G M L G T E O I N M M U L R
O M S P E R S I K A A V W S
Y O O N Z F K I W I Y N S B
W N O B J Ö R N B Ä R B E Ä
R F G N U X K W C U A T A R
```

APRIKOS	MANGO
ANANAS	ÄPPLE
APELSIN	MELON
AVOKADO	BJÖRNBÄR
BÄR	NEKTARIN
BANAN	PAPAYA
KÖRSBÄR	PÄRON
KIWI	PERSIKA
HALLON	PLOMMON
CITRON	DRUVA

36 - Fattoria #2

```
S  Z  S  H  U  W  I  F  F  R  U  K  T  V
H  B  I  K  U  P  A  T  R  A  K  T  O  R
V  E  C  M  I  U  P  S  U  F  W  O  A  Y
L  V  R  F  W  H  F  C  K  U  A  Y  N  G
Y  A  L  D  J  U  R  D  T  P  E  N  K  A
V  T  W  S  E  B  G  M  T  H  T  G  A  R
P  T  L  A  M  A  O  I  R  A  D  D  W  S
D  N  O  W  Z  T  X  N  Ä  N  G  K  M  S
I  I  T  B  J  M  F  J  D  U  Ä  O  A  F
W  N  F  Å  R  S  R  A  G  E  S  R  T  E
M  G  H  N  L  I  Y  K  Å  V  S  N  Y  L
A  A  N  Y  Y  A  K  A  R  D  V  E  T  E
J  C  L  A  D  A  M  R  D  Z  M  G  G  M
S  S  J  U  U  B  D  M  J  Ö  L  K  D  K
```

LAMM	BEVATTNING
BONDE	LAMA
BIKUPA	MJÖLK
ANKA	MAJS
DJUR	GÄSS
MAT	KORN
LADA	HERDE
FRUKT	FÅR
FRUKTTRÄDGÅRD	ÄNG
VETE	TRAKTOR

37 - Dinosauri

```
A  L  L  Ä  T  A  R  E  E  E  N  O  R  M
J  N  S  K  E  W  R  O  V  F  Å  G  E  L
R  O  V  D  J  U  R  X  O  F  Y  V  T  Y
E  O  E  M  F  O  W  K  L  O  M  I  Y  H
P  Y  O  O  U  E  R  J  U  S  K  N  C  H
T  M  A  M  M  U  T  D  T  S  B  G  T  H
I  R  C  L  V  L  A  C  I  I  Y  A  R  T
L  W  F  D  M  D  C  H  O  L  T  R  Z  F
S  T  O  R  L  E  K  S  N  J  E  J  A  X
O  V  F  Ö  R  H  I  S  T  O  R  I  S  K
N  J  A  L  T  W  S  Z  S  O  N  P  V  J
D  N  U  N  S  G  H  D  T  Z  R  W  U  M
M  Z  S  E  S  K  R  A  F  T  F  U  L  L
F  Ö  R  S  V  I  N  N  A  N  D  E  D  M
```

VINGAR	BYTE
ROVDJUR	FÖRHISTORISK
SVANS	ROVFÅGEL
ENORM	REPTIL
EVOLUTION	FÖRSVINNANDE
FOSSIL	ART
STOR	STORLEK
MAMMUT	JORD
ALLÄTARE	OND
KRAFTFULL	

38 - Verdure

```
D  S  S  P  E  G  T  X  D  K  F  T  P  B
G  M  W  J  M  L  Z  C  P  R  L  Ö  K  R
P  K  K  I  O  X  E  C  S  O  R  B  D  O
A  E  E  R  R  M  L  Y  P  N  R  W  S  C
V  F  R  J  O  F  P  H  E  Ä  Ä  O  A  C
M  I  X  S  T  W  R  J  N  R  D  I  L  O
S  J  T  S  I  P  O  T  A  T  I  S  L  L
W  V  R  L  M  L  K  O  T  S  S  E  A  I
E  R  A  G  Ö  J  J  M  T  K  A  L  D  P
W  Z  N  M  M  K  D  A  G  O  R  L  F  U
A  O  G  A  P  T  Z  T  M  C  O  E  Z  M
G  U  R  K  A  X  M  O  M  K  V  R  Y  P
Ä  G  G  P  L  A  N  T  A  A  A  I  J  A
Ä  R  T  A  I  N  G  E  F  Ä  R  A  D  P
```

VITLÖK	ÄRTA
BROCCOLI	TOMAT
KRONÄRTSKOCKA	PERSILJA
MOROT	ROVA
GURKA	RÄDISA
LÖK	SELLERI
SVAMP	SPENAT
SALLAD	INGEFÄRA
ÄGGPLANTA	PUMPA
POTATIS	

39 - Scuola #2

```
L G D B U S S T C X Z G T B
K Ä M A T E M A T I K G Y I
A W R U T B I L D N I N G B
L G R A B O R N P U P L S L
E L F X R P R K T S A Ä U I
N I V E T E N S K A P S U O
D T O E Z N A L I K P N S T
E T X R H N H Y R A E I P E
R E V Y D A R B X D R N E K
X R U F S B Ö C K E R G L B
U A Z Z K F O D V M O Z V E
S T P D O G A K B I H T J J
I U Y Z R R Y G G S Ä C K U
G R A M M A T I K K S A X W
```

AKADEMISK	GRAMMATIK
BUSS	LÄRARE
BIBLIOTEK	LITTERATUR
KALENDER	LÄSNING
PAPPER	BÖCKER
DATOR	MATEMATIK
ORDBOK	PENNA
UTBILDNING	SKOR
SAX	VETENSKAP
SPEL	RYGGSÄCK

40 - Gentilezza

```
P  K  S  G  E  N  E  R  Ö  S  Y  F  X  F
U  A  Ä  U  B  F  M  V  M  V  P  H  S  Ö
P  G  T  R  Ä  R  L  I  G  I  Å  V  M  R
P  Ä  K  I  L  M  O  F  A  J  L  J  E  S
M  S  U  L  E  E  Y  Z  Z  O  I  D  D  T
Ä  T  V  U  W  N  K  W  D  R  T  E  L  Å
R  F  Ä  K  T  A  T  S  L  T  L  L  I  E
K  R  N  V  O  V  T  H  F  G  I  Y  D  L
S  I  L  L  L  A  K  P  H  U  G  C  S  S
A  Z  I  K  E  O  J  N  P  C  L  K  A  E
M  C  G  R  R  T  Z  Y  W  B  Y  L  M  K
X  F  M  F  A  J  C  Z  T  Y  I  I  L  T
S  K  B  J  N  M  G  W  Y  W  T  G  S  F
M  V  M  O  T  T  A  G  L  I  G  J  D  V
```

PÅLITLIG	GENERÖS
VÄNLIG	ÄKTA
KÄRLEKSFULL	ÄRLIG
UPPMÄRKSAM	GÄSTFRI
MEDLIDSAM	PATIENT
FÖRSTÅELSE	MOTTAGLIG
MILD	TOLERANT
LYCKLIG	

41 - Barbecue

```
M L I T K C S S U Z J I S C
J I A P N P A P I M G N O A
W T D N I F L G E Y R B M H
F G I D V A L M P L L J M E
K R U B A D A V A R M U A S
Y I U O R G D M W E U D R A
C L Y K D X E X W E S A L T
K L D F T F R K C V I N M B
L D Y A P E P P A R K E E F
I J R M O F L U N C H G F D
N E F I L Ö K H U N G E R O
G D D L T A O M T H K D K H
M S G J E K R A Y T V S Å S
T O M A T E R T L N D B E J
```

VARM	GRILL
MIDDAG	SALLADER
MAT	INBJUDAN
LÖK	MUSIK
KNIVAR	PEPPAR
SOMMAR	KYCKLING
HUNGER	TOMATER
FAMILJ	LUNCH
FRUKT	SALT
SPEL	SÅS

42 - Insetti

```
G A V B M P E H M M N G C T
E R W Ö K P V S Y H A J I E
T B Ä N T E T F R L V L K R
I B F S K A L B A G G E A M
N O I Y H L O P P A D B D I
G O C R S O K K G Z E X A T
T X A S S T P M Y G G A F K
Z G L A R V I P C F I J X F
D X L U J U D D A M A S K J
K A C K E R L A C K A O H Ä
T R O L L S L Ä N D A J T R
U N Y C K E L P I G A Z W I
B L A D L U S Z E N L L X L
K F A W S B Å L G E T I N G
```

BLADLUS
BI
BÅLGETING
GRÄSHOPPA
CIKADA
NYCKELPIGA
SKALBAGGE
MAL
FJÄRIL
MYRA

LARV
TROLLSLÄNDA
BÖNSYRSA
LOPPA
KACKERLACKA
TERMIT
MASK
GETING
MYGGA

43 - Erboristeria

```
F  S  A  E  S  O  Y  M  D  R  A  G  O  N
S  Y  T  R  A  T  A  E  Y  X  G  P  W  I
M  R  S  W  F  F  G  J  T  N  K  R  I  N
K  O  F  K  F  M  G  R  R  L  T  N  Ö  I
V  S  O  V  R  U  O  A  Ä  E  V  A  A  N
A  M  E  G  A  B  Y  M  D  I  L  L  R  G
L  A  V  E  N  D  E  L  G  T  O  P  O  R
I  R  A  V  D  E  T  P  Å  I  R  E  M  E
T  I  R  H  I  C  J  V  R  M  E  R  A  D
E  N  F  S  P  T  K  F  D  J  G  S  T  I
T  F  Ä  N  K  Å  L  S  R  A  A  I  I  E
L  B  L  O  M  M  A  Ö  F  N  N  L  S  N
B  S  B  A  S  I  L  I  K  A  O  J  K  S
K  U  L  I  N  A  R  I  S  K  I  A  C  J
```

VITLÖK	LAVENDEL
DILL	MEJRAM
AROMATISK	MYNTA
BASILIKA	OREGANO
KULINARISK	PERSILJA
DRAGON	KVALITET
FÄNKÅL	ROSMARIN
BLOMMA	TIMJAN
TRÄDGÅRD	GRÖN
INGREDIENS	SAFFRAN

44 - Danza

```
M  K  U  K  Y  P  W  J  I  K  A  P  R  U
P  K  Y  U  R  R  Z  K  K  O  V  X  Y  T
A  O  A  L  T  O  J  U  N  N  Å  D  T  T
R  R  K  T  R  R  P  L  J  S  A  P  M  R
T  E  V  U  A  K  O  P  H  T  T  K  F  Y
N  O  P  R  D  M  U  S  I  K  L  Ä  N  C
E  G  F  E  I  H  Å  L  L  N  I  N  G  K
R  R  G  L  T  C  G  A  T  O  E  S  L  S
W  A  C  L  I  I  U  A  G  U  J  L  A  F
T  F  G  F  O  T  T  K  M  K  R  A  D  U
B  I  C  F  N  I  I  I  P  F  D  P  H  L
A  K  A  D  E  M  I  H  O  P  P  A  E  L
M  O  S  R  L  F  Y  R  A  N  W  F  G  U
L  F  M  C  L  R  Ö  R  E  L  S  E  C  O
```

AKADEMI	GLAD
KONST	NÅD
PARTNER	RÖRELSE
KOREOGRAFI	MUSIK
KROPP	HÅLLNING
KULTUR	REPETITION
KULTURELL	RYTM
KÄNSLA	HOPPA
UTTRYCKSFULL	TRADITIONELL

45 - Scuola #1

```
M J R B K K S T O L U V D O
A B I B L I O T E K U Ä R P
P S G G A L Ä R A R E N A A
P H S T S O G C X H I N C D
A O A M S Y Z U R T H E F H
R U S K R I V B O R D R R B
R T X P U Z K V L F M V Å Ö
O A C A M H I U I C F U G C
P E N N A W C E G P V C E K
E S X U C X H H T A L H S E
N V Y A A L F A B E T F P R
N A D Y M A R K Ö R E R O F
O R C I J E P A P P E R R C
R F D P P D N D A O O I T D
```

ALFABET	MARKÖRER
VÄNNER	PENNA
KLASSRUM	TAL
BIBLIOTEK	PENNOR
PAPPER	LUNCH
MAPPAR	FRÅGESPORT
ROLIGT	SVAR
EXAMEN	SKRIVBORD
LÄRARE	STOL
BÖCKER	

46 - Fiori

```
M B T L A P J G P P L K V K
P L U M E R I A Å A A L A R
I I L K F V P R S S V Ö L O
O L C I E O E D K S E V L N
N A O T L T S E L I N E M B
U P R U A J T N I O D R O L
X B K L V I A I L N E K D A
J I I P J J E A J F L U T D
A E D A I Y T K A L O W V W
S O É N Z E N Z S O L R O S
M A G N O L I A X W E G N S
I H I B I S K U S E L C Y Y
N S K Z E M A S K R O S J Z
Z C T U S E N S K Ö N A T Z
```

MASKROS	BUKETT
GARDENIA	PÅSKLILJA
JASMIN	ORKIDÉ
LILJA	VALLMO
SOLROS	PASSIONFLOWER
HIBISKUS	PION
LAVENDEL	KRONBLAD
LILA	PLUMERIA
MAGNOLIA	KLÖVER
TUSENSKÖNA	TULPAN

47 - Ecologia

```
S  G  K  P  P  F  N  H  A  W  I  G  T  M
M  Ä  N  G  D  A  A  N  A  T  U  R  X  Å
V  A  A  F  M  U  T  U  Z  E  V  T  O  N
E  D  R  M  Y  N  U  W  B  K  Ä  R  R  G
G  M  P  I  R  A  R  E  J  M  X  G  O  F
E  N  J  S  N  C  L  L  A  M  T  J  D  A
T  O  R  K  A  K  I  H  Z  W  E  J  A  L
A  G  L  G  K  U  G  A  M  Y  R  D  V  D
T  H  Å  L  L  B  A  R  R  O  F  O  E  M
I  D  T  O  I  F  K  I  D  T  L  J  G  L
O  T  B  B  M  T  F  X  J  D  O  M  E  P
N  E  R  A  A  O  Z  A  Z  C  R  Y  O  G
G  G  E  L  T  A  F  R  K  V  A  A  W  S
Ö  V  E  R  L  E  V  N  A  D  A  P  T  X
```

KLIMAT	VÄXTER
MÅNGFALD	MEDEL
FAUNA	TORKA
FLORA	ÖVERLEVNAD
GLOBAL	HÅLLBAR
MARIN	ART
NATUR	MÄNGD
NATURLIG	VEGETATION
KÄRR	

48 - Discipline Scientifiche

```
M P B L T R B C D M I L T M
E S B F A R I O K E M I B I
T Y H S J O P T K M N P N
E K B S T P L D Z A U G P E
O O E I R F O O I N N V O R
R L T O O T G G R I O I E A
O O I L N K I H K K L S K L
L G B O O O E Z U Y O T O O
O I U G M Y K M K A G I L G
G U D I I M V T I X I K O I
I A N A T O M I F X T D G C
G E O L O G I Y Y R N D I Y
A N T E R M O D Y N A M I K
X T Z V S O C I O L O G I G
```

ANATOMI	IMMUNOLOGI
ASTRONOMI	LINGVISTIK
BIOKEMI	MEKANIK
BIOLOGI	METEOROLOGI
BOTANIK	MINERALOGI
KEMI	PSYKOLOGI
EKOLOGI	SOCIOLOGI
FYSIOLOGI	TERMODYNAMIK
GEOLOGI	

49 - Scienza

```
L F Y S I K N T F V P T O O
D A O R G A N I S M A V A B
H A B S U R X W C K R M N S
Y G T O S J V Z M E T O D E
P R Z A R I P K G M I L A R
O H M F W A L G R I K E L V
T A A A O D T Z L S L K L A
E K J E I E M O K K A Y V T
S Z J E D Y B C R L R L A I
E V O L U T I O N I K E R O
F A K T U M Y K A M U R C N
A T O M R M L I T A X M H O
F O R S K A R E U T J S O R
U E J G E X P E R I M E N T
```

ATOM
KEMISK
KLIMAT
DATA
EXPERIMENT
EVOLUTION
FAKTUM
FYSIK
FOSSIL
ALLVAR

HYPOTES
LABORATORIUM
METOD
MOLEKYLER
NATUR
ORGANISM
OBSERVATION
PARTIKLAR
FORSKARE

50 - Acqua

```
V  Å  G  O  R  K  B  T  C  G  R  L  D  P
U  N  E  I  V  B  T  I  F  X  C  E  M  I
Å  N  G  A  A  G  E  J  S  E  R  F  G  P
L  M  O  L  V  F  O  D  F  R  O  S  T  N
F  X  Y  X  D  L  U  V  W  C  R  N  K  E
S  U  D  S  U  O  Z  K  Z  U  K  Ö  A  G
Z  M  K  A  N  D  R  D  T  H  A  V  W  F
K  V  X  T  S  J  Ö  R  C  I  N  G  P  G
B  E  V  A  T  T  N  I  N  G  G  M  Z  F
W  O  O  W  N  H  C  W  E  G  O  A  Z
A  P  B  P  I  S  E  K  O  P  C  N  P  H
F  M  S  E  N  X  B  B  M  J  X  S  J  O
F  Y  S  V  G  V  K  A  N  A  L  U  X  D
D  U  S  C  H  A  W  R  K  F  R  N  K  F
```

KANAL	SNÖ
DUSCH	HAV
AVDUNSTNING	VÅGOR
FLOD	REGN
FROST	DRICKBAR
GEJSER	FUKT
IS	FUKTIG
BEVATTNING	ORKAN
SJÖ	ÅNGA
MONSUN	

51 - Gatti

```
P E R S O N L I G H E T J H
U H Z Y B B G P A L H E D K
V N Y F I K E N R B X D N R
N Y Z W V G T R N Z S T D Z
S L A Y F I K E O H V A A L
N E L X R O L I G E A S Z S
A K I P O C O D A V N S X Ö
B F T Ä L B V E L V S D F M
B U E L U W L O E G H W E N
U L N S J X D Y N U T U Z I
H L P J Y W J Ä G A R E A K
D X Z O I M H E J O C R I S
I F G F G O I T M U S A X Z
M K N P G M V F J G Z R J X
```

KLO	GALEN
JÄGARE	PÄLS
SVANS	PERSONLIGHET
NYFIKEN	LITEN
ROLIG	VILD
SÖMN	BLYG
GARN	MUS
LEKFULL	SNABB
OBEROENDE	TASS

52 - Surf

```
N O W X I L S T Y R K A E M
J Y F H P O P U L Ä R I X Ä
U H B O J X R L V C D D T S
E A U Ö L D A V Ä D E R R T
Z S P P R K Y S K U M O E A
S T W R O J M H O X Y T M R
T I Y D L H A A T X V T I E
R G L S I P E R S R Å A R V
A H P D G M A G E S G R E K
N E P Z T Z Z D B T O E V K
D T Z S I B L S D I U R B A
P H T C O U Z P L L H W D D
L P O L V G C W K H A D T U
Z P G O G M P W S X V W T K
```

IDROTTARE	POPULÄR
MÄSTARE	NYBÖRJARE
ROLIGT	SKUM
EXTREM	REV
FOLKMASSOR	STRAND
STYRKA	SPRAY
VÄDER	STIL
HAV	MAGE
VÅG	HASTIGHET
PADDLA	

53 - Imbarcazioni

```
W Y W U R H F S B J S P L A
M A S T B H Ä M J Y G B J N
J C V Å G O R A O Ö O X R K
I H U B C S J Ö T T M J E A
B T D O C K A W F X O A P R
S C B U N W V A H R H R N E
E Z S W L W U Y H A V N A P
G B E S Ä T T N I N G S U H
E I E S L U C B J B U J T I
L J F T Z L D G D J C S I M
B Y L S X M K M C X M L K S N
Å T O H C F L O T T E J K I
T I D V A T T E N K A N O T
K A J A K Z M O J L V G C S
```

MAST	SJÖ
ANKARE	HAV
SEGELBÅT	TIDVATTEN
BOJ	SJÖMAN
KANOT	MOTOR
REP	NAUTISK
DOCKA	VÅGOR
BESÄTTNING	FÄRJA
FLOD	YACHT
KAJAK	FLOTTE

54 - Api

```
X  V  V  D  Y  L  U  Z  U  L  J  B  F  D
F  Ä  W  A  O  I  M  A  T  F  L  A  R  R
M  L  U  O  X  V  B  I  K  U  P  A  U  O
V  G  C  C  G  S  B  L  O  M  M  A  K  T
Ä  Ö  X  E  F  M  T  S  C  I  Å  V  T  T
X  R  Ö  K  H  I  R  L  S  N  N  I  A  N
T  A  S  O  M  L  Ä  F  C  S  G  N  G  I
E  N  V  S  K  J  D  N  O  E  F  G  X  N
R  D  D  Y  P  Ö  G  S  P  K  A  A  D  G
W  E  J  S  O  L  Å  Y  V  T  L  R  S  H
A  N  D  T  L  U  R  U  G  Ä  D  V  T  A
Y  P  S  E  L  G  D  I  K  J  R  T  P  N
D  V  H  M  E  W  Z  B  L  O  M  M  O  R
A  Z  H  O  N  U  N  G  B  Z  X  X  Y  B
```

VINGAR	RÖK
BIKUPA	TRÄDGÅRD
VÄLGÖRANDE	LIVSMILJÖ
VAX	INSEKT
MAT	HONUNG
MÅNGFALD	VÄXTER
EKOSYSTEM	POLLEN
BLOMMOR	DROTTNING
BLOMMA	SVÄRM
FRUKT	SOL

55 - Conservazione

```
B I H L F Å K J J M U O H M
O H M I Ö T U L M Y C P Ä H
O Å F V R E K O I G G J L F
L L W S O R C R L M V V S V
J L T M R V Y O J I A U A O
T B N I E I K N Ö N T T L L
G A G L N N E A I S T B D O
N R H J I N L J V K E I G N
F L Ö Ö N A F F M A N L H T
M Z X N G G F K U N W D H Ä
O R G A N I S K X O D N S R
B E K O S Y S T E M B I Z G
F G X I O I C Y Y W U N K A
A L L G N A T U R L I G I C
```

VATTEN
MILJÖ
CYKEL
KLIMAT
EKOSYSTEM
UTBILDNING
LIVSMILJÖ
FÖRORENING
NATURLIG

ORGANISK
ORO
ÅTERVINNA
MINSKA
HÄLSA
HÅLLBAR
GRÖN
VOLONTÄR

56 - Strumenti Musicali

```
T A M B U R I N L W O H U K
G O N G J P W Y M E B X R L
S L P A Z M Z B L J O B G A
Y L T R U M P E T O E A I R
T F A G O T T L P M C N T I
R R C G N H A R P A E J A N
O H U W V A O C G N L O R E
V U N M T E G X I D L T R T
N P I S M X R U V O O W X T
H F I O L A I K T L P O V U
R L M A R I M B A I C T S T
U Ö M U N S P E L N C U L N
Z J X T Z O T R O M B O N U
C T S A X O F O N U F O G D
```

MUNSPEL	OBOE
HARPA	SLAGVERK
BANJO	PIANO
GITARR	SAXOFON
KLARINETT	TAMBURIN
FAGOTT	TRUMMA
FLÖJT	TRUMPET
GONG	TROMBON
MANDOLIN	FIOL
MARIMBA	CELLO

57 - Professioni #2

```
J  Z  O  O  L  O  G  A  M  U  B  T  I  A
F  O  T  O  G  R  A  F  Å  T  I  A  L  S
I  M  U  L  T  C  W  F  L  R  B  N  L  T
L  W  P  R  Ä  T  X  Y  A  E  L  D  U  R
O  P  P  Y  N  R  I  C  R  D  I  L  S  O
S  K  F  C  W  A  A  P  E  A  O  Ä  T  N
O  P  I  L  O  T  L  R  U  R  T  K  R  A
F  J  N  A  R  A  C  I  E  E  E  A  A  U
L  I  N  G  V  I  S  T  S  S  K  R  T  T
W  Y  A  L  Ä  K  A  R  E  T  A  E  Ö  C
N  D  R  D  G  J  R  H  K  I  R  U  R  G
O  X  E  B  I  O  L  O  G  K  I  F  K  V
D  E  T  E  K  T  I  V  C  J  E  O  O  P
B  I  B  F  O  R  S  K  A  R  E  D  B  L
```

ASTRONAUT
BIBLIOTEKARIE
BIOLOG
KIRURG
TANDLÄKARE
DETEKTIV
FILOSOF
FOTOGRAF
JOURNALIST
ILLUSTRATÖR

LÄRARE
UPPFINNARE
UTREDARE
LINGVIST
LÄKARE
PILOT
MÅLARE
FORSKARE
ZOOLOG

58 - Letteratura

```
B  J  F  Ö  R  F  A  T  T  A  R  E  M  D
I  E  Ä  D  I  A  L  O  G  N  Å  L  E  I
O  R  S  M  M  W  R  T  P  A  S  H  T  K
G  X  T  K  F  A  V  A  L  L  I  Y  A  T
R  N  I  I  R  Ö  A  U  B  O  K  E  F  C
A  I  L  X  O  I  R  X  J  G  T  C  O  W
F  T  J  F  G  O  V  E  E  I  M  I  R  M
I  A  N  A  L  Y  S  N  L  R  Y  T  M  W
S  L  U  T  S  A  T  S  I  S  J  M  B  N
I  T  T  R  A  G  E  D  I  N  E  X  C  E
P  O  E  T  I  S  K  M  E  B  G  R  D  D
P  R  O  M  A  N  C  O  R  O  L  T  B  U
P  G  I  N  A  N  E  K  D  O  T  O  E  G
S  G  E  N  R  E  C  U  A  K  G  D  X  W
```

ANALYS	METAFOR
ANALOGI	ÅSIKT
ANEKDOT	DIKT
FÖRFATTARE	POETISK
BIOGRAFI	RIM
SLUTSATS	RYTM
JÄMFÖRELSE	ROMAN
BESKRIVNING	STIL
DIALOG	TEMA
GENRE	TRAGEDI

59 - Cibo #2

```
F V Y V S K I N K A Y A C B
P A O E V J P A V N J I H A
X S G T O M A T V Y G W O N
T E H E Z U K F O F I S K A
W W U O D O S I Y W O X L N
K Ö R S B Ä R S W R I S A B
F B T J O G O K D I F O D R
E K D L V G G S M R P G E Ö
K Y C K L I N G E N U E T D
S V A M P E Ä P P L E V J X
Ä G G P L A N T A F L O A P
B R O C C O L I O S T E E F
F I E X O M M J E M R P R A
S D S Z O S H E N P H O L I
```

BANAN	BRÖD
BROCCOLI	FISK
KÖRSBÄR	KYCKLING
CHOKLAD	TOMAT
OST	SKINKA
SVAMP	RIS
VETE	SELLERI
KIWI	ÄGG
ÄPPLE	DRUVA
ÄGGPLANTA	YOGHURT

60 - Nutrizione

```
S  C  A  K  L  E  P  X  E  K  K  M  B  N
K  G  L  X  O  I  R  U  Ä  O  R  A  I  Ä
V  I  K  T  L  S  O  P  T  L  Y  T  T  R
G  J  R  B  X  M  T  F  L  H  D  S  T  I
K  A  L  O  R  I  E  R  I  Y  D  M  E  N
K  I  J  Ä  S  N  I  N  G  D  O  Ä  R  G
T  O  X  I  N  Y  N  F  K  R  R  L  B  S
E  G  P  J  H  R  E  L  K  A  D  T  M  Ä
A  P  T  I  T  Ä  R  O  O  T  I  N  C  M
F  R  I  S  K  A  L  Z  A  E  F  I  O  N
V  K  M  Å  R  N  V  S  G  R  S  N  F  E
V  Ä  T  S  K  O  R  O  A  W  E  G  Y  J
F  O  D  X  A  K  V  A  L  I  T  E  T  P
B  A  L  A  N  S  E  R  A  D  T  L  I  S
```

BITTER	NÄRINGSÄMNE
APTIT	VIKT
BALANSERAD	PROTEINER
KALORIER	KVALITET
KOLHYDRATER	SÅS
ÄTLIG	HÄLSA
KOST	FRISKA
MATSMÄLTNING	KRYDDOR
JÄSNING	TOXIN
VÄTSKOR	

61 - Matematica

```
V E H V I N K E L R Ä T D G
T K X I O A U X Z R A D I E
O V M N V R P P T J G L V O
R A H K D I J O M U X H I M
G T S L I T S N L T E B S E
M I U A A M F E S Y I Z I T
M O M R M E Z N Y D G T O R
G N M D E T M T M E Z O N I
F R A K T I O N M C I M N A
W R D D E S U B E I B K D X
B L Y Z R K G X T M U R M J
T R I A N G E L R A V E E R
V O L Y M V C F I L X T L N
P A R A L L E L L T B S V I
```

VINKLAR
ARITMETISK
DECIMAL
DIAMETER
DIVISION
EKVATION
EXPONENT
FRAKTION
GEOMETRI
PARALLELL

OMKRETS
VINKELRÄT
POLYGON
TORG
RADIE
SYMMETRI
SUMMA
TRIANGEL
VOLYM

62 - Meditazione

```
P G O C S M E D K Ä N S L A
E O B G I D U T A I A H E K
R D S M N N P R R B T Z R R
S K E P N V P R E K U N G G
P Ä R R E T M K X F R E D S
E N V Ö C V Ä N L I G H E T
K N A R A K R K M Y I M A B
T A T E N L K P Ä U K Y D N
I N I L D A S Y S N S B K L
V D O S A R A O U Y S I W U
I E N E S H M E E U K L K G
E Y D Y N E H V V K I I O N
L Z T F F T E O G E I G S R
W X D Y Z C T A N K A R O K
```

GODKÄNNANDE
UPPMÄRKSAMHET
LUGN
KLARHET
MEDKÄNSLA
KÄNSLOR
VÄNLIGHET
PSYKISK
SINNE

RÖRELSE
MUSIK
NATUR
OBSERVATION
FRED
TANKAR
PERSPEKTIV
ANDAS

63 - Estate

```
S C L H R W C D E K S R M M
D P F E E W E A C D Y V I P
S Y E M X G I Z M X D R N S
A R K L F I I P H P J V N T
N E C N M F U P S K I Ä E J
D S C Y I F R I T I D N N Ä
A A W O K N X O F X T N G R
L C E F A N G L Ä D J E J N
E M A T T J F S R K S R Y O
R R T O Y H A V Z B F G E R
M I T Z R P M U S I K Y A J
X O A X I Y I J Y S H K O I
A V K O P P L I N G W L W H
B Ö C K E R J S T R A N D L
```

VÄNNER
CAMPING
HEM
MAT
FAMILJ
SPEL
GLÄDJE
DYKNING
BÖCKER

HAV
MUSIK
MINNEN
AVKOPPLING
SANDALER
STRAND
STJÄRNOR
FRITID
RESA

64 - Escursionismo

```
R P E P Y Z N D I W P L L I
A B E Y F O Z E S K H C J T
F Ö R B E R E D E L S E A O
C D J U R I M T F I O Y K P
J K U K G E T B L P L O S P
S L A V W N H S T P H H H M
V I L D S T Ö V L A R C Z Ö
V M S X T E K A R T A X Z T
P A R K E R I S K E R F V E
B T Y B N I Ö T G H K C A Z
X E T F A N A T U R F D T C
U P R L R G D U T M C C T G
I O F G I L T N D E V D E I
K C A M P I N G U I D E N J
```

VATTEN	RISKER
DJUR	TUNG
CAMPING	STENAR
KLIMAT	FÖRBEREDELSE
GUIDE	KLIPPA
KARTA	VILD
BERG	SOL
NATUR	TRÖTT
ORIENTERING	STÖVLAR
PARKER	TOPPMÖTE

65 - Professioni #1

```
R C N W M S J P P K J A V F
E Ö D J V J Ä I S A U P E C
D G R A Z U G A Y R V O T K
A U I M K K A N K T E T E F
K M M B O S R I O O L E R T
T O U A N K E S L G E K I B
Ö R S S Ö A T O R R A N A
R T I S T T L R G A A R Ä N
G R K A N E L B E F R E R K
E Ä E D Ä R W S F O E S L I
O N R Ö R S D A N S A R E R
L A R R W K A S T R O N O M
O R C B S A D V O K A T F B
G E F O R S K A R E U V C F
```

TRÄNARE	APOTEKARE
AMBASSADÖR	GEOLOG
KONSTNÄR	JUVELERARE
ASTRONOM	RÖRMOKARE
ADVOKAT	SJUKSKÖTERSKA
DANSARE	MUSIKER
BANKIR	PIANIST
JÄGARE	PSYKOLOG
KARTOGRAF	FORSKARE
REDAKTÖR	VETERINÄR

66 - Antartide

```
A  A  V  T  V  Z  F  O  R  S  K  A  R  E
D  G  D  D  W  I  S  R  C  D  W  S  V  X
V  A  T  T  E  N  K  H  E  J  B  W  V  P
G  T  B  T  O  P  O  G  R  A  F  I  K  E
L  V  E  T  E  N  S  K  A  P  L  I  G  D
A  K  V  M  S  M  M  P  E  N  H  S  E  I
C  A  A  I  P  O  I  E  M  S  P  T  O  T
I  F  R  L  M  E  G  N  Y  U  S  E  G  I
Ä  C  A  J  P  S  R  H  E  V  F  N  R  O
R  Y  N  Ö  A  R  A  A  N  R  M  I  A  N
E  D  D  V  S  J  T  L  T  I  A  G  F  O
R  A  E  U  T  A  I  V  P  U  E  L  I  V
V  V  A  L  A  R  O  Ö  K  W  R  U  E  C
M  O  L  N  K  O  N  T  I  N  E  N  T  R
```

VATTEN	MIGRATION
MILJÖ	MINERALER
VIK	MOLN
VALAR	HALVÖ
BEVARANDE	FORSKARE
KONTINENT	STENIG
GEOGRAFI	VETENSKAPLIG
GLACIÄRER	EXPEDITION
IS	TEMPERATUR
ÖAR	TOPOGRAFI

67 - Libri

```
L Ä S A R E F S I D A F P V
B I W T V B L A T U H Ö A T
Ä E T H G R B M R A I R V E
I V R T U L H L A L S F S S
E G E Ä E U M I G I T A A K
H Y D N T R N N I T O T M R
S C H E T T Ä G S E R T M I
R O M A N Y E R K T I A A V
E P I S K A R L N P S R N S
F M X U U I G K S O K E H R
E B E R Ä T T A R E K I A A
H U M O R I S T I S K V N D
W N E D S Ä N K N I N G G B
R E L E V A N T M O L F M T
```

FÖRFATTARE	SIDA
ÄVENTYR	POESI
SAMLING	RELEVANT
SAMMANHANG	ROMAN
DUALITET	SKRIVS
EPISK	RAD
NEDSÄNKNING	BERÄTTELSE
LITTERÄR	HISTORISK
LÄSARE	TRAGISK
BERÄTTARE	HUMORISTISK

68 - Geografia

```
H  O  H  A  V  M  V  P  I  V  V  E  K  K
R  M  Ö  X  T  E  I  D  E  K  Z  Ä  J  O
A  R  J  V  Ä  R  L  D  L  A  N  D  S  N
T  Å  D  J  Z  I  F  L  O  D  J  Y  T  T
L  D  W  C  H  D  O  A  N  J  A  Z  A  I
A  E  K  H  Z  I  F  I  G  C  G  R  D  N
S  Z  I  F  G  A  A  A  I  A  I  G  D  E
N  O  B  T  Ö  N  K  G  T  L  X  I  O  N
E  O  E  N  E  L  A  D  U  I  R  E  I  T
G  N  R  I  D  B  R  E  D  D  G  R  A  D
G  W  G  R  L  R  T  S  Ö  D  E  R  O  F
M  P  Y  Z  C  N  A  P  H  W  Y  D  G  F
H  Å  L  V  K  L  O  T  U  X  Y  X  V  O
T  E  R  R  I  T  O  R  I  U  M  G  A  V
```

HÖJD	MERIDIAN
ATLAS	VÄRLD
STAD	BERG
KONTINENT	NORR
HALVKLOT	VÄST
FLOD	LAND
BREDDGRAD	OMRÅDE
LONGITUD	SÖDER
KARTA	TERRITORIUM
HAV	

69 - Cibo #1

```
M Y N T A U E K A X V E T S
O J U I C E S O C K E R K A
R X Ö O Z H W E O J A W H L
O P C L Ö K S L W D J K J L
T T I T K G M H H C N S A A
W C T R O V A K Ö T T R U D
S E R R D N K A N E L I E C
P W O B G Z F P Ä R O N V L
E V N E K K M I V C S D M T
N T O U S N H D S Y A W Z P
A J O R D G U B B K L Z J K
T V I T L Ö K U G G T J S A
P V C F K O R N M M E P C U
B A S I L I K A A Z D T N J
```

VITLÖK	MYNTA
BASILIKA	KORN
KANEL	PÄRON
KÖTT	ROVA
MOROT	SALT
LÖK	SPENAT
JORDGUBB	JUICE
SALLAD	TONFISK
MJÖLK	KAKA
CITRON	SOCKER

70 - Aeroplani

```
D K L A N D N I N G E K H U
B R Ä N S L E W C X F E Ö H
B E S Ä T T N I N G T T J Ä
A R I K T N I N G O X B D R
L T P A S S A G E R A R E K
L X M W N M P B M V W Ä S O
O R H O X R O I T R C V I M
N N C E S G B T L U Y E G S
G G J L U F T F O O U N N T
P O R K F V Ä T E R T T U W
H I M M E L X R M Z E Y S S
H I S T O R I A N C S R F B
V N Y N A V I G E R A O F E
K O N S T R U K T I O N Z Y
```

HÖJD

LUFT

ATMOSFÄR

LANDNING

ÄVENTYR

BRÄNSLE

HIMMEL

KONSTRUKTION

DESIGN

RIKTNING

HÄRKOMST

BESÄTTNING

VÄTE

MOTOR

NAVIGERA

BALLONG

PASSAGERARE

PILOT

HISTORIA

71 - Pirati

```
V P A N K A R E P R W Y M F
Z W P B O G F U R J E A U L
E P A O M Y U N G W Z Z G A
B Y O E P C I L W K E X Y G
P E S K A T T E D Å L I G G
A H S E S G F G B V N V H A
P F V Ä S F T E Ö M E U K N
E G Ä W T K W N W P S D K T
G G R O T T A D D H T N A L
O H D L M Y N T A V R Z P B
J Ä R R T F I I E K A R T A
A V A O U G M U N O N H E W
R T S L M F A R A G D E N U
Y H Y Ä V E N T Y R Y D I B
```

ANKARE
ÄVENTYR
FLAGGA
KOMPASS
KAPTEN
DÅLIG
ÄRR
BESÄTTNING
GROTTA
LEGEND

KARTA
MYNT
GULD
PAPEGOJA
FARA
ROM
SVÄRD
STRAND
SKATT

72 - Colori

```
B  S  D  X  V  O  B  R  U  N  T  A  U  Y
L  E  I  M  B  D  T  F  V  I  F  F  M  N
Å  P  I  A  P  E  L  S  I  N  D  E  T  M
P  I  L  G  N  S  D  G  T  U  J  H  K  F
Y  A  X  E  E  E  F  U  R  C  R  B  J  X
I  I  M  N  P  Y  U  L  I  E  S  O  E  H
N  N  J  T  Y  A  C  I  H  A  V  E  S  H
H  N  D  A  D  R  H  A  C  Y  A  N  I  A
F  L  Y  I  E  O  S  Y  V  G  R  Ö  N  P
S  L  L  T  G  U  I  Z  R  D  T  I  N  A
G  W  S  A  H  O  A  N  U  L  A  R  Ö  D
Z  J  M  V  G  I  I  J  C  I  E  W  G  F
G  R  Å  E  N  P  P  H  G  L  E  C  K  Z
C  V  G  S  I  K  F  G  X  A  W  Y  E  F
```

APELSIN	MAGENTA
BEIGE	BRUN
VIT	SVART
BLÅ	ROSA
CYAN	RÖD
FUCHSIA	SEPIA
GUL	GRÖN
GRÅ	LILA
INDIGO	

73 - Avventura

```
V  Ä  N  N  E  R  R  E  S  O  R  L  U  S
H  J  A  K  T  I  V  I  T  E  T  U  T  V
D  C  T  O  V  A  N  L  I  G  M  U  M  Å
U  M  U  E  N  T  U  S  I  A  S  M  A  R
F  Ö  R  B  E  R  E  D  E  L  S  E  N  I
R  J  S  X  R  N  N  F  M  Y  J  B  I  G
E  L  H  K  G  U  X  P  A  Y  S  G  N  H
S  I  V  O  Ö  T  R  C  F  R  H  P  G  E
V  G  H  J  S  N  G  L  J  W  L  T  A  T
Ä  H  I  P  O  Y  H  D  C  W  V  I  R  U
G  E  N  A  V  I  G  E  R  I  N  G  G  G
C  T  G  L  Ä  D  J  E  T  M  A  I  G  U
D  E  S  T  I  N  A  T  I  O  N  M  S  I
U  T  F  L  Y  K  T  N  N  D  H  E  P  D
```

VÄNNER	RESVÄG
AKTIVITET	NATUR
SKÖNHET	NAVIGERING
MOD	NY
DESTINATION	MÖJLIGHET
SVÅRIGHET	FARLIG
ENTUSIASM	FÖRBEREDELSE
UTFLYKT	UTMANINGAR
GLÄDJE	RESOR
OVANLIG	

74 - Forme

```
H  M  O  H  C  J  O  S  T  B  O  R  T  A
Y  S  V  L  J  D  W  I  O  R  E  E  R  H
G  S  A  I  I  O  C  D  R  S  L  K  I  Ö
R  H  L  B  O  Z  B  A  G  S  L  T  A  R
K  P  Y  R  A  M  I  D  R  F  I  A  N  N
O  U  S  P  D  L  B  K  H  Ä  P  N  G  C
N  O  R  N  E  L  L  A  L  R  S  G  E  I
D  O  Y  V  Z  R  M  N  F  I  K  E  L  R
S  D  L  L  A  L  B  T  M  M  N  L  C  K
P  O  L  Y  G  O  N  E  R  H  C  J  B  E
C  Y  L  I  N  D  E  R  L  B  Å  G  E  L
A  D  Z  K  X  W  P  R  P  R  I  S  M  A
N  Z  Z  U  C  J  F  U  J  A  P  E  X  Z
W  G  T  B  C  C  A  O  M  C  G  C  A  D
```

HÖRN	SIDA
BÅGE	LINJE
KANTER	OVAL
CIRKEL	PYRAMID
CYLINDER	POLYGON
KON	PRISMA
KUB	TORG
KURVA	REKTANGEL
ELLIPS	SFÄR
HYPERBEL	TRIANGEL

75 - Oceano

```
T Y U A F V N D R V I B Å T
O L L B H V A E K J Z L W V
N K O R A L L L S H K Ä X Z
F R E Ä J Y H F Z Y L C N D
I A B K S I B I F I S K Å L
S B W A V A K N E I T F G T
K B J L A Y L Y D Y O I E I
E A O V M O X T S A R S R D
V E S U P X W F T T M K R V
Å S T H S K Ö L D P A D D A
G O R I Z S R K L J N X O T
O X O U V W N M B M E J T T
R U N O H C Z Y I T T S A E
R E V P C K N I G Z L J T N
```

ÅL	OSTRON
VAL	FISK
BÅT	BLÄCKFISK
KORALL	SALT
DELFIN	REV
RÄKA	SVAMP
KRABBA	HAJ
TIDVATTEN	SKÖLDPADDA
MANET	STORM
VÅGOR	TONFISK

76 - Famiglia

```
F  A  R  B  R  O  R  A  M  L  K  W  M  T
Ö  M  O  R  E  O  M  O  D  F  U  O  O  V
R  O  T  F  G  D  M  A  O  Z  S  T  S  I
F  D  J  R  K  L  E  D  K  Z  I  X  T  L
A  E  F  U  U  L  V  M  R  E  N  C  E  L
D  R  W  X  F  B  A  R  N  D  O  M  R  I
E  N  F  R  M  R  L  C  A  B  X  N  R  N
R  S  U  E  E  O  F  A  D  E  R  L  I  G
F  A  R  F  A  R  E  M  O  R  M  O  R  A
A  T  E  H  S  S  Y  S  T  E  R  D  R  R
R  N  C  N  R  O  N  U  T  P  G  I  F  C
I  D  T  S  Z  N  B  M  E  F  G  R  K  U
X  T  I  F  G  S  B  A  R  N  D  W  O  Y
J  F  S  E  I  T  R  M  X  Y  E  T  M  C
```

FÖRFADER	FRU
BARN	BRORSON
KUSIN	MORMOR
DOTTER	FARFAR
BROR	FAR
TVILLINGAR	FADERLIG
BARNDOM	SYSTER
MOR	MOSTER
MAKE	FARBROR
MODERNS	

77 - Veicoli

```
F  S  Z  P  P  H  U  S  V  A  G  N  B  V
L  K  E  A  N  T  T  S  M  D  J  D  I  F
Y  O  T  U  N  N  E  L  B  A  N  A  L  K
G  T  R  A  R  J  N  C  U  F  E  N  I  N
P  E  A  J  X  A  L  G  Y  K  I  G  C  A
L  R  K  B  X  I  B  P  R  K  I  X  L  F
A  M  T  Å  G  U  B  Å  T  T  E  S  A  Ä
N  B  O  V  K  K  Z  R  X  O  O  L  S  R
S  J  R  R  A  K  E  T  J  Z  E  O  T  J
D  Ä  C  K  A  M  B  U  L  A  N  S  B  A
H  E  L  I  K  O  P  T  E  R  B  R  I  A
B  L  A  G  X  T  M  B  X  J  U  Å  L  P
I  C  C  F  L  O  T  T  E  Z  S  M  T  T
O  R  V  B  Z  R  B  Z  V  P  S  L  B  M
```

FLYGPLAN	MOTOR
AMBULANS	DÄCK
BIL	RAKET
BUSS	SKOTER
BÅT	UBÅT
CYKEL	TAXI
LASTBIL	FÄRJA
HUSVAGN	TRAKTOR
HELIKOPTER	TÅG
TUNNELBANA	FLOTTE

78 - Emozioni

```
Ö K V G J K Ä R L E K V O L
V Y L I L S F C Ä X E A N Ä
E S E U U Ä I W G D E V U T
R O D V G G D U X F S S E T
R R A Ä E N Ö J D N Y L S N
A G E N E R A D E F M A A A
S T M L F R E D F I P P L D
K A U I S R H D E N A P I S
N C H G C S D R E R T N G I
I K K H U I L S K A I A H V
N S G E I L W H W E S D E H
G A W T I N N E H Å L L T N
Ö M H E T U P P H E T S A D
C U Z H R M J Y M Z S U J S
```

KÄRLEK	RÄDSLA
SALIGHET	ILSKA
INNEHÅLL	AVSLAPPNAD
UPPHETSAD	LÄTTNAD
VÄNLIGHET	SYMPATI
GLÄDJE	NÖJD
TACKSAM	ÖVERRASKNING
GENERAD	ÖMHET
LEDA	LUGN
FRED	SORG

79 - Natura

```
B E H S Z H N V L U G N A L
A E H S T J E T F Y K M W Ö
X A R K T I S K M E F X A V
S T C G R A U S Ö U L E V V
R I E A O K Z V K V O E N E
S U R B P U I Y E Y D J U R
K X I W I U C W N Z D M B K
O Y Z M S Y A V L N I D Y M
G T X S K U T T O F M O L N
F R I S T A D Y N A M I S K
G L A C I Ä R Z N N A P O V
E R O S I O N Z B I N N V I
L S K Ö N H E T X G Z R V L
Z A V G Ö R A N D E M V A D
```

DJUR	GLACIÄR
BIN	BERG
ARKTISK	DIMMA
SKÖNHET	MOLN
ÖKEN	SKYDD
DYNAMISK	FRISTAD
EROSION	VILD
FLOD	LUGN
LÖVVERK	TROPISK
SKOG	AVGÖRANDE

80 - Balletto

```
V Z O M P A O C B M E K I U
F P E M U S K L E R J O N T
S L W S B S V O Ö W A M T T
N N M K L C I R E V U P E R
G R A C I Ö S K J W A O N Y
M V S E K S G E S T P S S C
Y I C C E T I S A H P I I K
S A G M O I A T W B L T T S
Z F Z Y T L I E U F Å Ö E F
D A N S A R E R J J D R T U
T E K N I K D R Y W E P Z L
F Ä R D I G H E T T R G J L
R E P E T I T I O N M A U G
K O N S T N Ä R L I G G J P
```

FÄRDIGHET MUSKLER
APPLÅDER MUSIK
KONSTNÄRLIG ORKESTER
DANSARE ÖVA
KOMPOSITÖR REPETITION
UTTRYCKSFULL PUBLIK
GEST RYTM
GRACIÖS STIL
INTENSITET TEKNIK

81 - Castelli

```
S  R  W  X  S  P  A  L  A  T  S  Y  W  V
S  V  R  Z  K  R  K  R  O  N  A  O  J  G
V  Ä  U  J  T  I  K  A  T  A  P  U  L  T
Ä  G  S  F  J  N  M  D  R  A  K  E  W  F
R  G  T  P  X  S  O  P  H  Ä  S  T  M  Z
D  R  N  R  E  E  D  F  E  O  D  A  L  S
C  Y  I  E  O  S  Y  T  N  R  J  C  G  Z
B  M  N  K  T  S  N  O  H  I  I  A  C  P
Ä  W  G  S  E  A  A  R  Ö  D  G  U  K  R
X  D  M  K  S  P  S  N  R  D  Z  Z  M  I
N  W  E  Ö  N  Y  T  Z  N  A  E  O  V  N
K  G  P  L  P  B  I  M  I  R  J  M  A  S
H  A  U  D  G  M  F  W  N  E  P  P  G  J
F  Ä  S  T  N  I  N  G  G  G  F  X  X  F
```

RUSTNING	ÄDEL
KATAPULT	PALATS
RIDDARE	VÄGG
HÄST	PRINS
KRONA	PRINSESSA
DYNASTI	RIKE
DRAKE	SKÖLD
FEODAL	SVÄRD
FÄSTNING	TORN
IMPERIUM	ENHÖRNING

82 - Campionato

```
Y N S F M T B U S Y L I O U
B M E I E R J C T H G K V T
B S G N D Ä I S R T E A M H
B V E A A N H Z A C N Y C Å
B J R L L A L Z T L F Y K L
E G M I J R H H E B I R U L
D D Ä S G E X F G Z N G I I
Ö P S T J P B N I S A X A G
M O T I V E R I N G V I J H
A Y A S P O R T O D D E J E
X P R E S T A N D A K K T T
P I E T U R N E R I N G P T
M Ä S T E R S K A P R A S B
W T P K C M X S P E L W Y E
```

TRÄNARE
MÄSTERSKAP
MÄSTARE
FINALIST
SPEL
BEDÖMA
LIGA
MEDALJ
MOTIVERING

PRESTANDA
UTHÅLLIGHET
SPORT
TEAM
STRATEGI
SVETT
TURNERING
SEGER

83 - Foresta Pluviale

```
R  A  N  H  P  V  I  B  K  M  M  M  A  Ö
Z  S  C  U  W  X  S  E  L  O  Å  D  M  V
N  S  T  R  R  N  U  V  I  S  N  Ä  F  E
I  N  H  E  M  S  K  A  M  S  G  G  I  R
B  Z  F  S  R  B  M  R  A  A  F  G  B  L
O  G  P  P  B  D  V  A  T  C  A  D  I  E
T  E  S  E  R  V  Ä  N  N  U  L  J  E  V
A  M  M  K  V  B  R  D  A  A  D  U  R  N
N  E  X  T  I  M  D  E  Z  R  T  R  S  A
I  N  S  E  K  T  E  R  Y  R  T  U  T  D
S  S  M  O  L  N  F  B  G  I  M  I  R  B
K  K  W  N  Z  W  U  F  Å  G  L  A  R  D
G  A  Z  U  A  X  L  D  J  U  N  G  E  L
G  P  O  L  T  I  L  L  F  L  Y  K  T  W
```

AMFIBIER	NATUR
BOTANISK	MOLN
KLIMAT	BEVARANDE
GEMENSKAP	VÄRDEFULL
MÅNGFALD	TILLFLYKT
DJUNGEL	RESPEKT
INHEMSK	ÖVERLEVNAD
INSEKTER	ART
DÄGGDJUR	FÅGLAR
MOSSA	

84 - Edifici

```
O O S L M W E B S T V P S F
B M K U A M B A S S A D T A
S L O T T D W B L L N S A B
E H L R A O A T I C D T D R
R W A C F M U U C O R U I I
V W J G F P J T R P A G O K
A M Z G Ä V G J K E R A N N
T P U O R O Z J F M H J V L
O S T S J U K H U S E H X O
R H O T E L L N U Z M J E W
I I R Ä J U L Ä G E N H E T
U S N L E P M L T E A T E R
M B E T P K K A K S Z D K Y
H L A B O R A T O R I U M P
```

AMBASSAD
LÄGENHET
STUGA
SLOTT
BIO
FABRIK
LADA
HOTELL
LABORATORIUM
MUSEUM

SJUKHUS
OBSERVATORIUM
VANDRARHEM
SKOLA
STADION
MATAFFÄR
TEATER
TÄLT
TORN

85 - Paesi #2

```
A J U K R A I N A P X R P N
G L A L I B E R I A K R A U
A E B M A M E X I C O X K O
I T V A A V G W R L C D I S
R I Z H N I K I L H G V S H
G O X V I I C H A I T I T A
R P J M G T E A N H P N A L
Y I A Z E V N D D Y A N A
S E U M R G R E K L A N D O
S N F G I J A P A N K E R S
L U U G A N D A S Y R I E N
A T D X W P L M S K F D S
N A S A D A N M A R K I R X
D P H I N D O N E S I E N P
```

ALBANIEN
DANMARK
ETIOPIEN
JAMAICA
JAPAN
GREKLAND
HAITI
INDONESIEN
IRLAND
LAOS

LIBERIA
MEXICO
NEPAL
NIGERIA
PAKISTAN
RYSSLAND
SYRIEN
SUDAN
UKRAINA
UGANDA

86 - Tipi di Capelli

```
P  W  F  R  I  S  K  A  K  I  R  J  R  J
P  M  J  L  Å  N  G  B  L  O  N  D  T  O
N  N  R  B  Ä  S  I  L  V  E  R  C  U  C
S  V  A  R  T  T  K  O  R  T  O  S  N  W
M  S  Y  U  O  L  A  A  L  U  H  R  N  V
B  F  V  N  R  X  H  D  L  O  C  K  A  R
M  S  F  Ä  R  G  A  D  S  L  Y  B  D  N
F  Y  K  Z  I  D  I  S  Z  N  I  T  A  K
L  S  O  J  K  G  H  L  C  A  M  G  S  L
Ä  S  L  D  Y  Y  K  X  L  P  T  J  K  S
T  L  L  O  C  K  I  G  T  G  N  D  U  Z
O  Ä  H  I  V  L  Y  H  U  R  S  F  I  K
R  T  C  B  I  S  D  I  G  Å  K  C  P  P
N  M  S  F  T  J  O  C  K  C  D  T  B  O
```

SILVER	LÅNG
TORR	BRUN
VIT	MJUK
BLOND	SVART
KORT	LOCKIGT
SKALLIG	LOCKAR
FÄRGAD	FRISKA
GRÅ	TUNN
FLÄTAD	TJOCK
SLÄT	FLÄTOR

87 - Vestiti

```
H K V V J M O D E X D H V G
H A S K J O R T A U I H K K
A R L G T W N M J H Y K L M
N I X S D E G P E A S C O X
D M V D B L U S A T S K O R
S K Z R L A U K N T R N O P
K J O L E Y N I S U S Ö H Y
A A H M K A H D Y F A A J J
R C M B Y X O R O K E X J A
V K L Ä N N I N G J P M X M
F A Z L G F Ö R K L Ä D E A
X E E T S S A N D A L E R S
Z N F E L K F H A L S D U K
O A R M B A N D T O R U M L
```

KLÄNNING	FÖRKLÄDE
ARMBAND	HANDSKAR
BLUS	JEANS
SKJORTA	TRÖJA
HATT	MODE
PÄLS	BYXOR
BÄLTE	PYJAMAS
HALSBAND	SANDALER
JACKA	SKO
KJOL	HALSDUK

88 - Attività e Tempo Libero

```
S  B  C  B  U  I  V  F  O  T  B  O  L  L
I  J  S  A  J  O  K  I  I  V  Y  O  L  A
M  M  T  X  M  R  E  S  A  A  S  G  R  V
N  P  D  M  Å  P  D  K  M  N  B  U  L  K
I  I  N  H  L  F  I  E  L  D  A  G  I  O
N  Y  P  E  N  K  B  N  A  R  S  F  T  P
G  H  E  F  I  B  A  K  G  I  E  J  L  P
F  T  E  N  N  I  S  C  G  N  B  N  B  L
T  K  V  G  G  C  K  U  U  G  O  N  K  A
H  A  N  D  L  A  E  G  R  P  L  C  G  N
G  K  O  N  S  T  T  H  H  F  L  L  J  D
Z  O  X  O  D  O  B  O  X  N  I  N  G  E
V  O  L  L  E  Y  B  O  L  L  N  N  X  M
B  U  E  F  D  Y  K  N  I  N  G  K  G  A
```

KONST	SIMNING
BASEBOLL	VOLLEYBOLL
BASKET	FISKE
BOXNING	MÅLNING
FOTBOLL	AVKOPPLANDE
CAMPING	HANDLA
VANDRING	SURFING
GOLF	TENNIS
DYKNING	RESA

89 - Tecnologia

```
M E D D E L A N D E K A A T
M M A B L O G G A G G M J P
D A T A F O S R O C I T G R
E R O V I M K Ä A C C S W C
A K R A L V Ä U K A M E R A
A Ö V H L H R B M E X N G O
W R L V M I M R Y T R D G N
T E C K E N S N I T T H O T
V L N J A T J X J A E V E N
I C S H O E M M S L U D T T
R U N F O R S K N I N G P N
U K Z I X N D I G I T A L J
S F L G B E V I R T U E L L
P O J L S T A T I S T I K O
```

BLOGG
BYTE
DATOR
MARKÖR
DATA
DIGITAL
FIL
TECKENSNITT
INTERNET

MEDDELANDE
FORSKNING
SKÄRM
SÄKERHET
STATISTIK
KAMERA
VIRTUELL
VIRUS

90 - Arte

```
Ä  Ä  I  N  S  P  I  R  E  R  A  D  A  V
R  S  M  T  F  I  G  U  R  W  H  F  Y  I
L  K  Z  N  R  A  A  J  T  Y  C  A  R  S
I  U  T  B  E  N  K  E  L  T  N  J  A  U
G  L  F  E  U  F  L  S  Z  J  R  Z  K  E
H  P  S  G  H  P  Y  K  K  P  W  Y  Y  L
U  T  Y  A  P  A  S  I  L  A  L  T  C  L
M  U  M  K  O  M  P  L  E  X  P  T  E  K
Ö  R  B  K  E  O  C  D  D  L  P  A  B  W
R  B  O  X  S  U  R  R  E  A  L  I  S  M
M  Å  L  N  I  N  G  A  R  K  U  M  N  U
P  E  R  S  O  N  L  I  G  B  V  W  N  F
K  E  R  A  M  I  K  H  N  W  Z  A  S  K
L  U  O  R  I  G  I  N  A  L  T  N  D  T
```

KERAMIK	POESI
KOMPLEX	SKILDRA
SKAPA	SKULPTUR
MÅLNINGAR	ENKEL
UTTRYCK	SYMBOL
FIGUR	ÄMNE
INSPIRERAD	SURREALISM
ÄRLIG	HUMÖR
ORIGINAL	VISUELL
PERSONLIG	

91 - Meteo

```
A Z R T V I N D P K H H J F
T Z E R E L G K R R I P B I
M Y G O M M L L O T M O L N
O E N P O L P J V I M L I F
S T B I N M F E B G E Ä X E
F J Å S S G B J R Y L R T X
Ä T G K U T O R K A B A Y X
R D E R N B R I S Å T O G J
K L I M A T K E I S W U K H
X A S M O J A R N K X J R E
R N R T M W N E E A T E P A
J N A U O A S K E N O E Z O
T R O M B R N N I C R I X N
G A Z P Y V M F L M R R X E
```

REGNBÅGE	MOLN
TORR	POLÄRA
ATMOSFÄR	TORKA
BRIS	TEMPERATUR
HIMMEL	STORM
KLIMAT	TROMB
BLIXT	TROPISK
IS	ÅSKA
MONSUN	ORKAN
DIMMA	VIND

92 - Corpo Umano

```
E  X  T  R  A  C  A  U  T  Y  K  R  B  W
M  I  S  R  N  R  A  F  B  A  X  E  L  H
T  H  G  U  S  T  R  D  H  A  N  D  O  W
S  N  F  P  I  H  M  I  H  A  K  A  D  S
S  F  H  O  K  S  B  E  N  J  L  W  O  W
M  L  P  C  T  P  Å  Ö  R  A  Ä  S  Y  D
H  S  T  G  E  L  G  G  I  B  M  R  K  Z
F  I  N  G  E  R  E  A  H  H  U  D  T  J
M  A  G  E  R  C  N  D  U  J  N  Ä  S  A
B  K  E  J  K  N  Ä  D  V  Ä  D  P  G  J
H  T  X  R  U  J  V  G  U  R  I  I  R  V
W  R  A  M  Y  N  R  H  D  N  L  X  A  M
F  K  Z  T  Z  O  B  A  H  A  U  A  R  E
W  M  W  X  D  F  M  U  V  B  S  V  G  L
```

MUN	HAND
FOTLED	HAKA
HJÄRNA	NÄSA
HALS	ÖGA
HJÄRTA	ÖRA
FINGER	HUD
ANSIKTE	BLOD
BEN	AXEL
KNÄ	MAGE
ARMBÅGE	HUVUD

93 - Mammiferi

```
U  F  Å  R  F  V  H  V  D  K  K  Z  A  F
E  T  B  E  V  W  Z  A  B  E  I  R  X  K
S  B  X  Y  G  N  Z  R  Ä  V  L  X  K  X
K  V  Z  E  B  R  A  G  T  U  X  F  S  K
H  A  P  A  Y  G  G  I  R  A  F  F  I  Ä
I  L  T  H  E  O  K  A  N  I  N  O  N  N
W  L  U  T  L  R  B  I  C  T  J  T  Y  G
I  R  I  G  E  I  R  H  Ä  S  T  E  Z  U
M  Å  S  L  F  L  L  U  L  E  J  O  N  R
T  D  W  I  A  L  D  N  P  W  X  N  S  U
B  J  Ö  R  N  A  H  D  K  D  F  B  R  K
Z  U  U  Y  T  V  O  V  M  E  O  V  B  W
P  R  Ä  R  I  E  V  A  R  G  G  G  N  S
S  D  U  T  N  X  T  R  B  M  X  H  C  A
```

VAL	GIRAFF
HUND	GORILLA
KÄNGURU	LEJON
HÄST	VARG
RÅDJUR	BJÖRN
KANIN	FÅR
PRÄRIEVARG	APA
DELFIN	TJUR
ELEFANT	RÄV
KATT	ZEBRA

94 - Arrampicata

```
Y  M  S  I  H  G  M  S  S  T  Y  R  K  A
R  T  O  M  A  I  U  N  K  A  R  T  A  T
F  V  D  O  N  N  T  I  A  V  C  T  O  M
W  H  Ö  J  D  X  M  I  D  X  L  E  R  O
F  Y  S  I  S  K  A  K  A  E  K  R  G  S
N  Y  F  I  K  E  N  H  E  T  G  R  R  F
T  J  M  K  A  T  I  E  J  R  Y  Ä  O  Ä
E  R  A  N  R  S  N  X  Y  Ä  D  N  T  R
G  Z  Ä  L  T  W  G  P  V  F  L  G  T  Y
C  O  C  N  F  P  A  E  O  A  S  M  A  L
V  B  H  U  I  H  R  R  G  B  A  W  T  C
V  C  P  O  A  N  S  T  Ö  V  L  A  R  F
P  C  D  Z  R  O  G  L  M  G  I  I  Z  K
S  T  A  B  I  L  I  T  E  T  G  J  B  Y
```

HÖJD	HANDSKAR
ATMOSFÄR	GUIDE
HJÄLM	SKADA
NYFIKENHET	KARTA
EXPERT	UTMANINGAR
FYSISK	STABILITET
TRÄNING	STÖVLAR
STYRKA	SMAL
GROTTA	TERRÄNG

95 - Animali Domestici

```
H  J  K  L  K  R  A  G  E  C  S  Z  S  X
R  G  A  P  P  A  P  E  G  O  J  A  F  Y
S  Y  N  H  H  L  T  T  H  W  F  P  X  T
Z  G  I  A  R  I  J  T  B  A  V  C  H  A
V  V  N  M  M  A  T  W  T  S  V  A  N  S
A  K  E  S  T  Z  V  A  T  T  E  N  A  S
L  A  L  T  S  K  Ö  L  D  P  A  D  D  A
P  T  S  E  E  K  O  X  M  Ö  N  V  L  R
A  T  J  R  U  R  H  U  N  D  G  W  A  C
A  U  J  D  W  F  I  S  K  L  F  O  C  O
R  N  E  Y  X  M  I  N  U  A  F  O  H  W
H  G  A  Y  I  M  M  W  Ä  L  M  N  J  M
M  E  J  W  Z  E  O  U  R  R  I  R  I  J
K  O  P  P  E  L  X  I  S  F  G  D  Y  H
```

VATTEN	KATT
HUND	KOPPEL
GET	ÖDLA
MAT	KO
SVANS	PAPEGOJA
KRAGE	FISK
KANIN	SKÖLDPADDA
HAMSTER	MUS
VALP	VETERINÄR
KATTUNGE	TASSAR

96 - Cucina

```
F  P  B  U  R  K  K  G  R  I  L  L  G  C
K  Ö  F  G  I  F  N  K  H  P  U  F  A  L
V  R  R  N  I  E  I  O  K  S  V  A  M  P
A  Y  Y  K  I  T  V  P  A  K  J  P  C  S
T  G  S  D  L  F  A  P  N  E  T  O  Z  K
T  A  R  M  D  Ä  R  A  N  D  D  Z  M  Å
E  F  X  T  A  O  D  R  A  A  Z  P  C  L
N  F  K  F  A  B  R  E  J  R  M  W  U  T
K  L  Y  B  D  U  S  C  Z  T  Z  J  R  Z
O  A  L  L  R  S  L  E  V  F  S  H  U  X
K  R  S  M  K  S  A  P  W  D  A  B  O  Z
A  M  K  T  A  N  W  T  K  M  O  A  T  N
R  F  Å  J  Ä  T  P  I  N  N  A  R  F  X
E  P  P  T  L  T  C  S  E  R  V  E  T  T
```

ÄTPINNAR	KYLSKÅP
VATTENKOKARE	FÖRKLÄDE
KANNA	GRILL
MAT	SLEV
SKÅL	RECEPT
KNIVAR	KRYDDOR
FRYS	SVAMP
SKEDAR	KOPPAR
GAFFLAR	SERVETT
UGN	BURK

97 - Vacanze #2

```
K  Z  I  T  P  K  X  H  G  F  O  W  Y  R
T  E  S  J  I  A  G  F  O  T  O  N  P  E
Å  M  J  I  V  I  S  U  M  T  A  X  I  S
G  R  B  N  T  N  M  S  F  Ä  E  X  P  T
H  V  K  S  T  R  A  N  D  L  Z  L  R  A
A  T  R  A  N  S  P  O  R  T  P  F  L  U
V  I  E  M  R  O  X  S  H  L  B  L  R  R
Ö  J  S  Z  L  T  E  J  O  K  L  Y  O  A
N  O  A  G  L  N  A  D  A  B  O  G  C  N
S  C  S  K  C  A  M  P  I  N  G  P  R  G
D  E  S  T  I  N  A  T  I  O  N  L  Y  R
F  R  I  T  I  D  G  P  D  O  U  A  T  R
A  U  T  L  Ä  N  N  I  N  G  Z  T  R  R
V  S  E  M  E  S  T  E  R  D  U  S  O  B
```

FLYGPLATS
CAMPING
DESTINATION
FOTON
HOTELL
KARTA
HAV
PASS
RESTAURANG
STRAND

UTLÄNNING
TAXI
FRITID
TÄLT
TRANSPORT
TÅG
SEMESTER
RESA
VISUM

98 - Attività

```
V  L  L  Y  D  K  B  H  E  O  D  N  N  L
A  L  K  O  M  T  E  A  M  J  N  A  H  L
N  Z  S  B  S  Ö  M  N  A  D  Ö  I  N  Ä
D  J  A  K  T  B  R  T  G  F  J  N  F  S
R  K  K  A  K  T  I  V  I  T  E  T  O  N
I  O  O  E  U  U  J  E  B  X  C  R  T  I
N  O  S  N  R  J  S  R  G  R  A  E  O  N
G  R  V  R  S  A  H  K  H  S  M  S  G  G
W  I  W  C  L  T  M  R  V  I  P  S  R  S
P  U  S  S  E  L  O  I  W  O  I  E  A  P
F  R  I  T  I  D  A  Z  K  Z  N  N  F  E
A  V  K  O  P  P  L  I  N  G  G  R  I  L
Z  C  X  N  A  L  H  Y  F  I  S  K  E  K
M  V  X  F  J  F  Ä  R  D  I  G  H  E  T
```

FÄRDIGHET	FOTOGRAFI
KONST	SPEL
HANTVERK	INTRESSEN
AKTIVITET	LÄSNING
JAKT	MAGI
CAMPING	FISKE
KERAMIK	NÖJE
SÖMNAD	PUSSEL
DANS	AVKOPPLING
VANDRING	FRITID

99 - Forniture Artistiche

```
S T O L B F B G R K V I K M
O P X V L Ä Z L E A S D R P
V L O F Ä R G E R M T É E L
A U J J C G P R T E A E A I
T F G A K D V A R R F R T M
T P T A B E L L Ä A F L I S
E A E A K R Y L K K L F V U
N P B N B Y M J O V I E I D
X P X L N I X K L R C Z T D
Z E K Z B O R S T A R N E G
Z R U X M L R E R D F L T U
A K V A R E L L E R I Z O M
K B J C A F L W K N B L Z M
B X N H F I B L B X X F L I
```

VATTEN	SUDDGUMMI
AKVARELLER	IDÉER
AKRYL	BLÄCK
LERA	PENNOR
TRÄKOL	OLJA
PAPPER	STOL
STAFFLI	BORSTAR
LIM	TABELL
FÄRGER	KAMERA
KREATIVITET	FÄRG

100 - Misurazioni

```
S  G  J  N  X  Z  B  K  B  R  E  D  D  J
A  W  B  V  R  N  H  I  N  Y  X  R  T  C
L  M  V  I  Z  R  Ö  L  D  M  T  J  G  R
Ä  U  I  R  Y  V  J  O  Z  H  G  E  T  A
N  F  M  N  Z  E  D  G  R  A  M  V  U  T
G  H  H  Z  U  A  J  R  Y  H  F  U  M  J
D  R  T  O  N  T  U  A  M  A  S  S  A  V
U  E  A  G  F  W  P  M  E  V  I  K  T  M
K  I  D  D  E  C  I  M  A  L  C  Y  S  E
K  I  L  O  M  E  T  E  R  K  H  E  W  T
C  E  N  T  I  M  E  T  E  R  W  P  C  E
L  I  T  E  R  V  I  K  A  U  K  R  Z  R
V  O  L  Y  M  S  C  X  Z  N  U  W  B  J
N  B  K  U  K  N  E  U  B  S  Y  V  Z  R
```

HÖJD	LÄNGD
BYTE	MASSA
CENTIMETER	METER
KILOGRAM	MINUT
KILOMETER	UNS
DECIMAL	VIKT
GRAD	TUM
GRAM	DJUP
BREDD	TON
LITER	VOLYM

1 - Scacchi

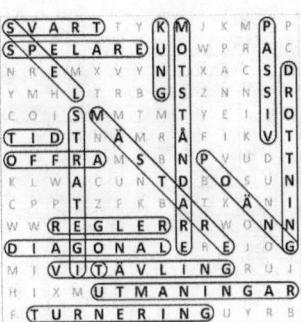

2 - Strumenti

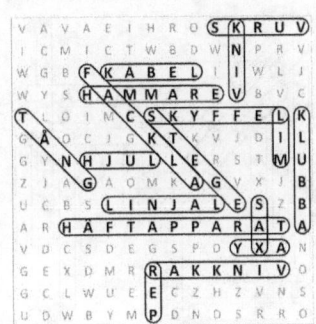

3 - Aggettivi #2

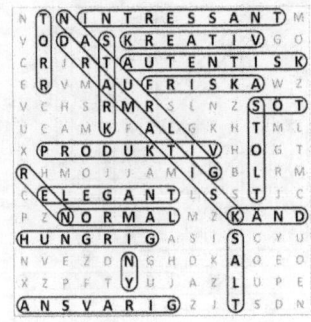

4 - Mobili

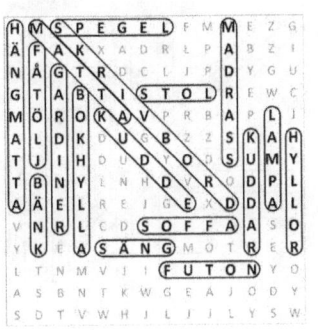

5 - Pesca

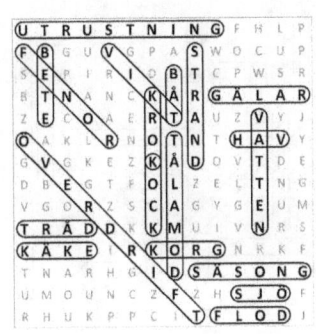

6 - Aggettivi #1

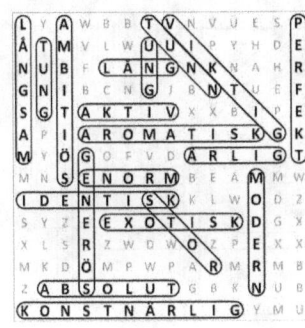

7 - Geologia

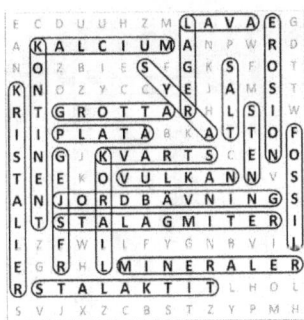

8 - Campeggio

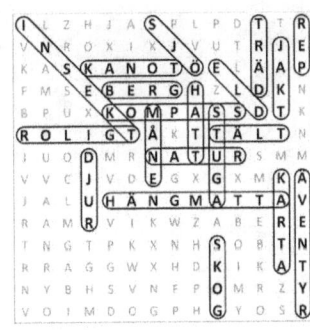

9 - Arti Visive

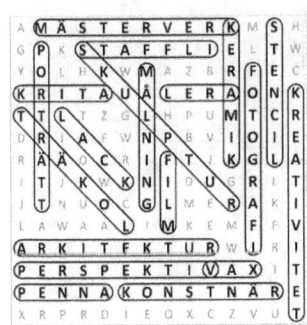

10 - Esplorazione

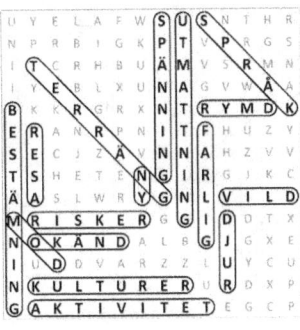

11 - Tempo

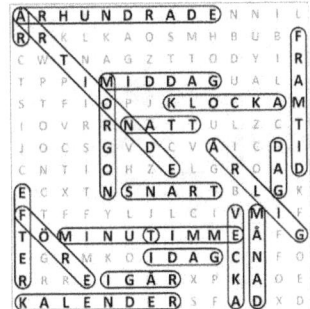

12 - Astronomia

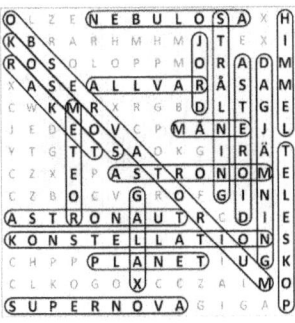

13 - Circo

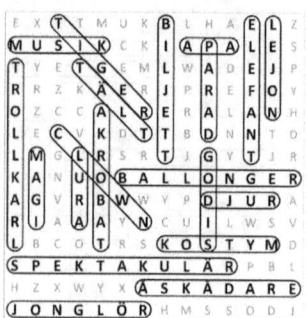

14 - Mitologia

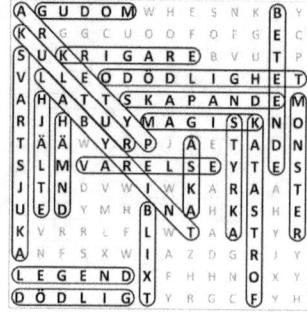

15 - Piante

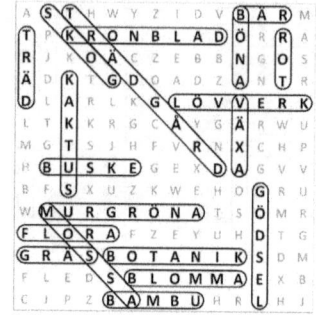

16 - Spezie

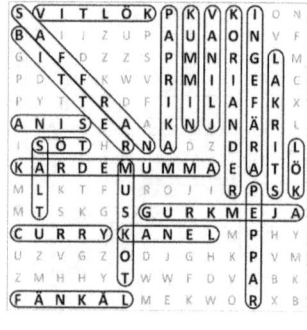

17 - Numeri

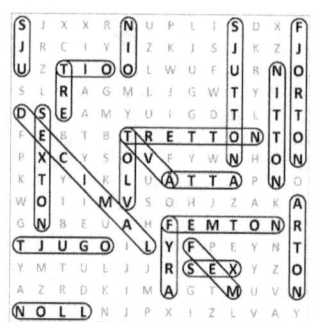

18 - Cioccolato

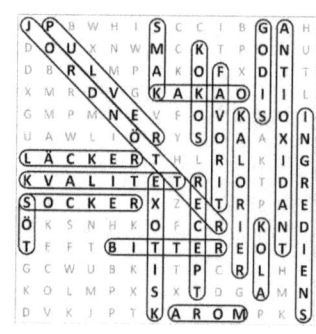

19 - Guida

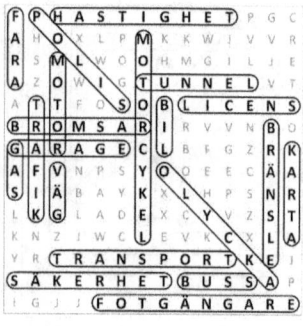

20 - Sport

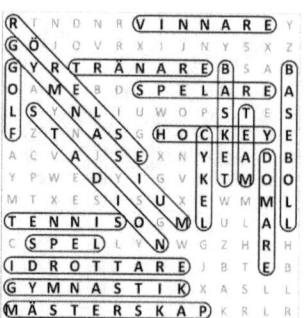

21 - Giocattoli

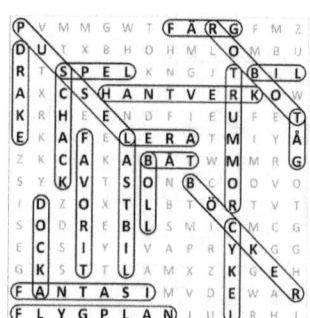

22 - Strumenti di Cottura

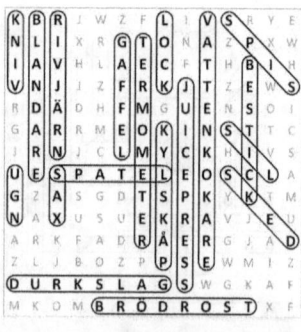

23 - Uccelli

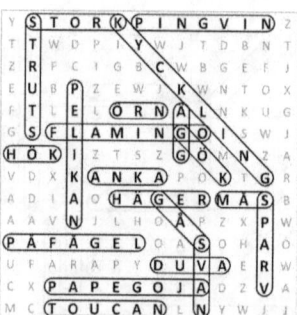

24 - Giorni e Mesi

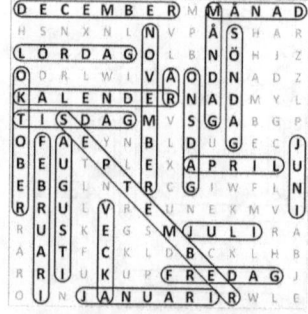

25 - Casa

26 - Ristorante #1

27 - Fantascienza

28 - Città

29 - Virtù #1

30 - Compleanno

31 - Fattoria #1

32 - Paesaggi

33 - Ristorante #2

34 - Giardino

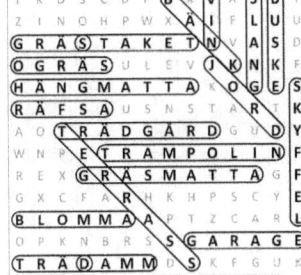

35 - Frutta

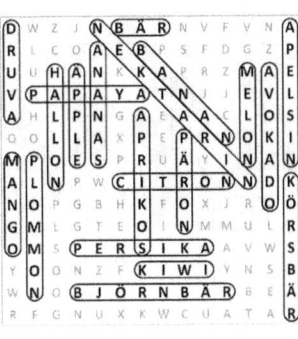

36 - Fattoria #2

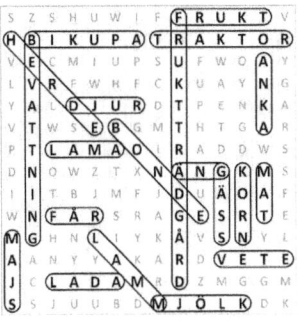

37 - Dinosauri

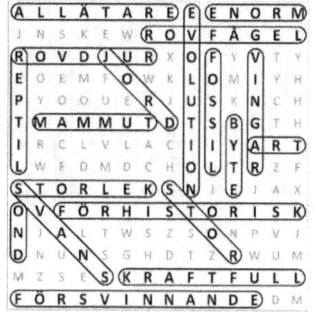

38 - Verdure

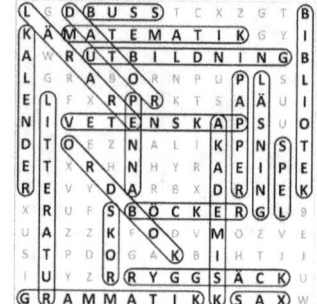

39 - Scuola #2

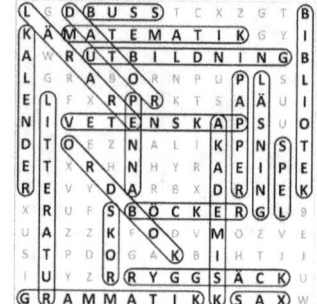

40 - Gentilezza

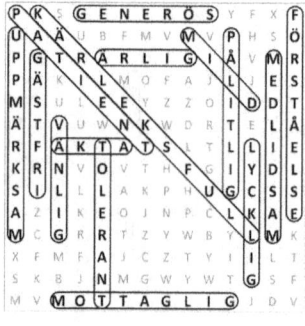

41 - Barbecue

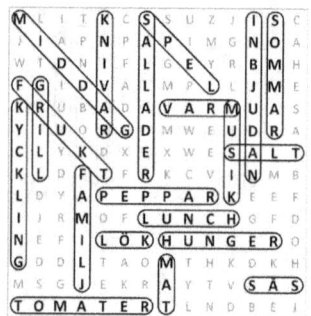

42 - Insetti

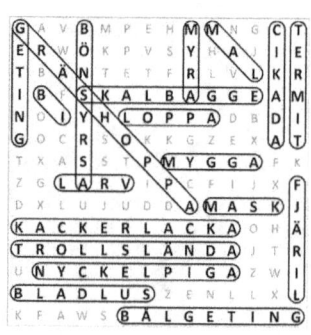

43 - Erboristeria

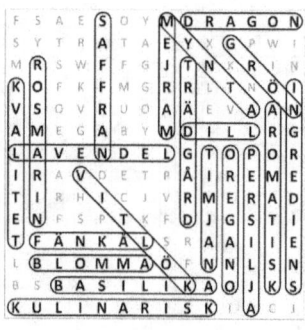

44 - Danza

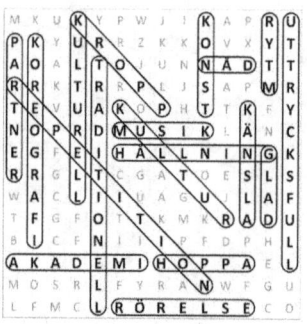

45 - Scuola #1

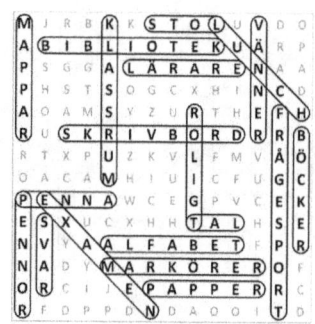

46 - Fiori

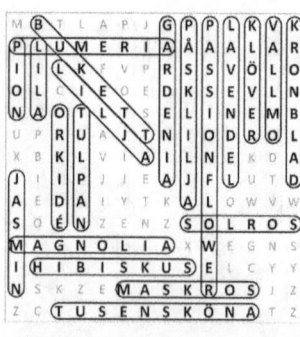

47 - Ecologia

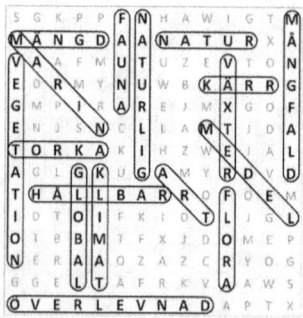

48 - Discipline Scientifiche

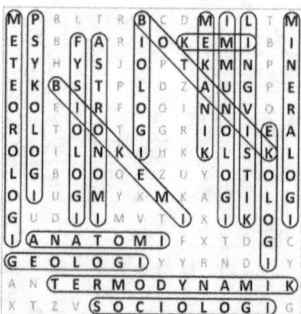

49 - Scienza

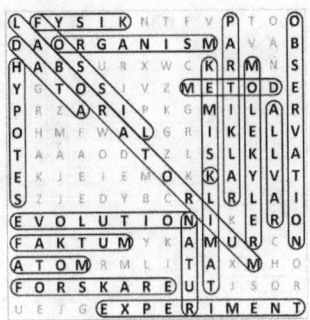

50 - Acqua

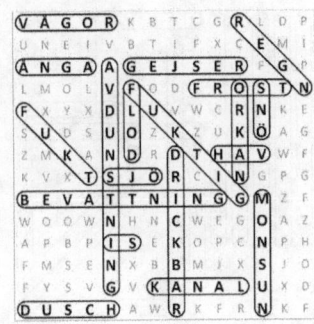

51 - Gatti

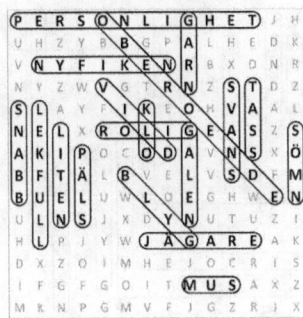

52 - Surf

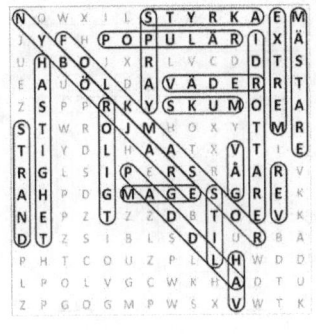

53 - Imbarcazioni

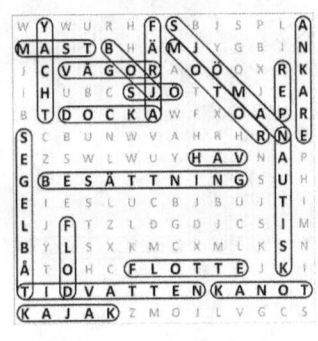

54 - Api

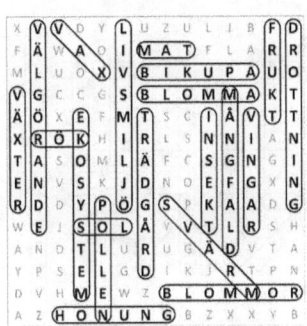

55 - Conservazione

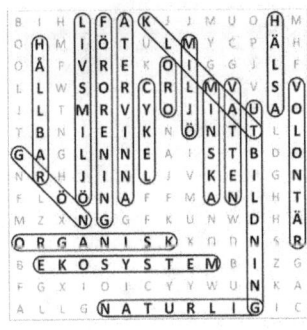

56 - Strumenti Musicali

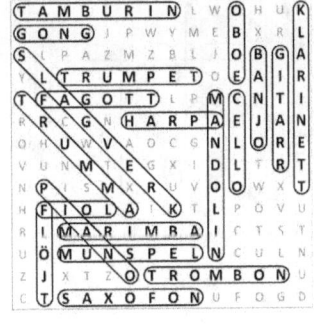

57 - Professioni #2

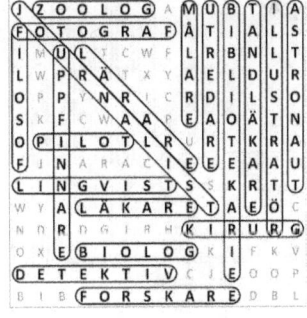

58 - Letteratura

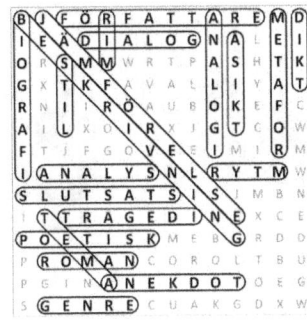

59 - Cibo #2

60 - Nutrizione

61 - Matematica

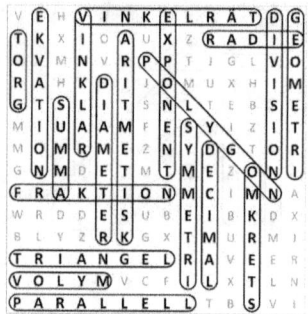

62 - Meditazione

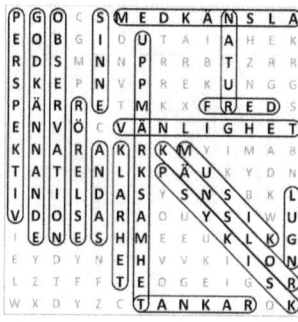

63 - Estate

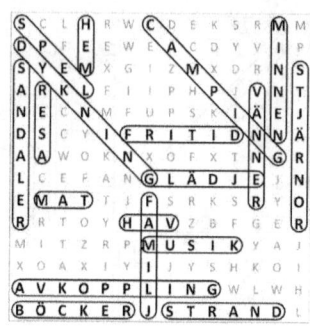

64 - Escursionismo

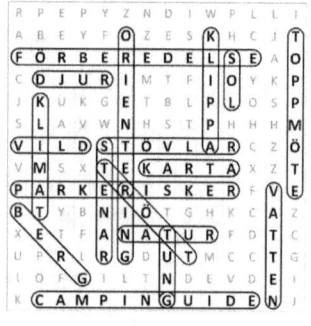

65 - Professioni #1

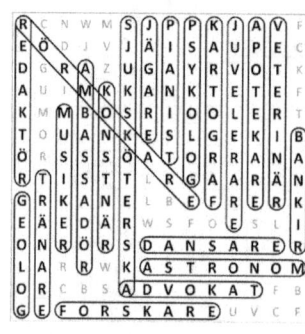

66 - Antartide

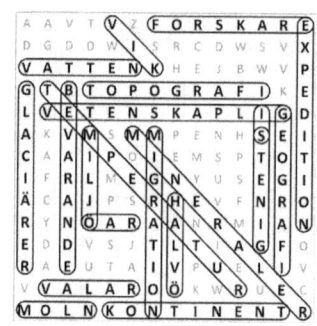

67 - Libri

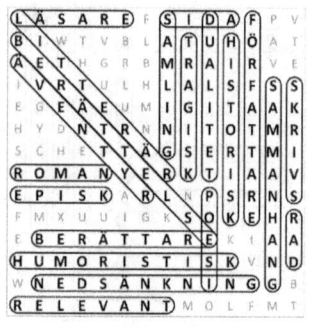

68 - Geografia

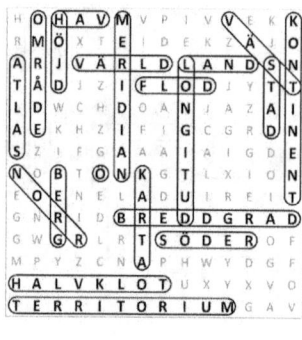

69 - Cibo #1

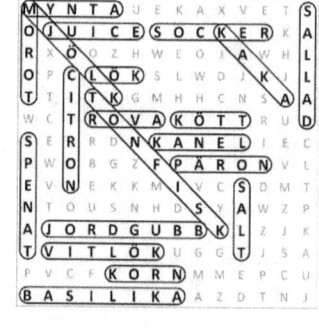

70 - Aeroplani

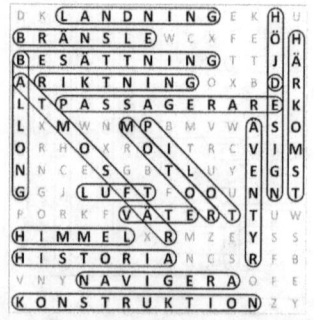

71 - Pirati

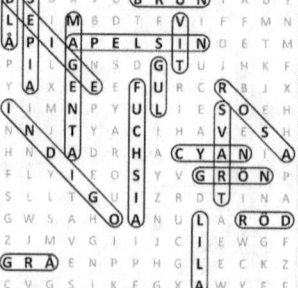

72 - Colori

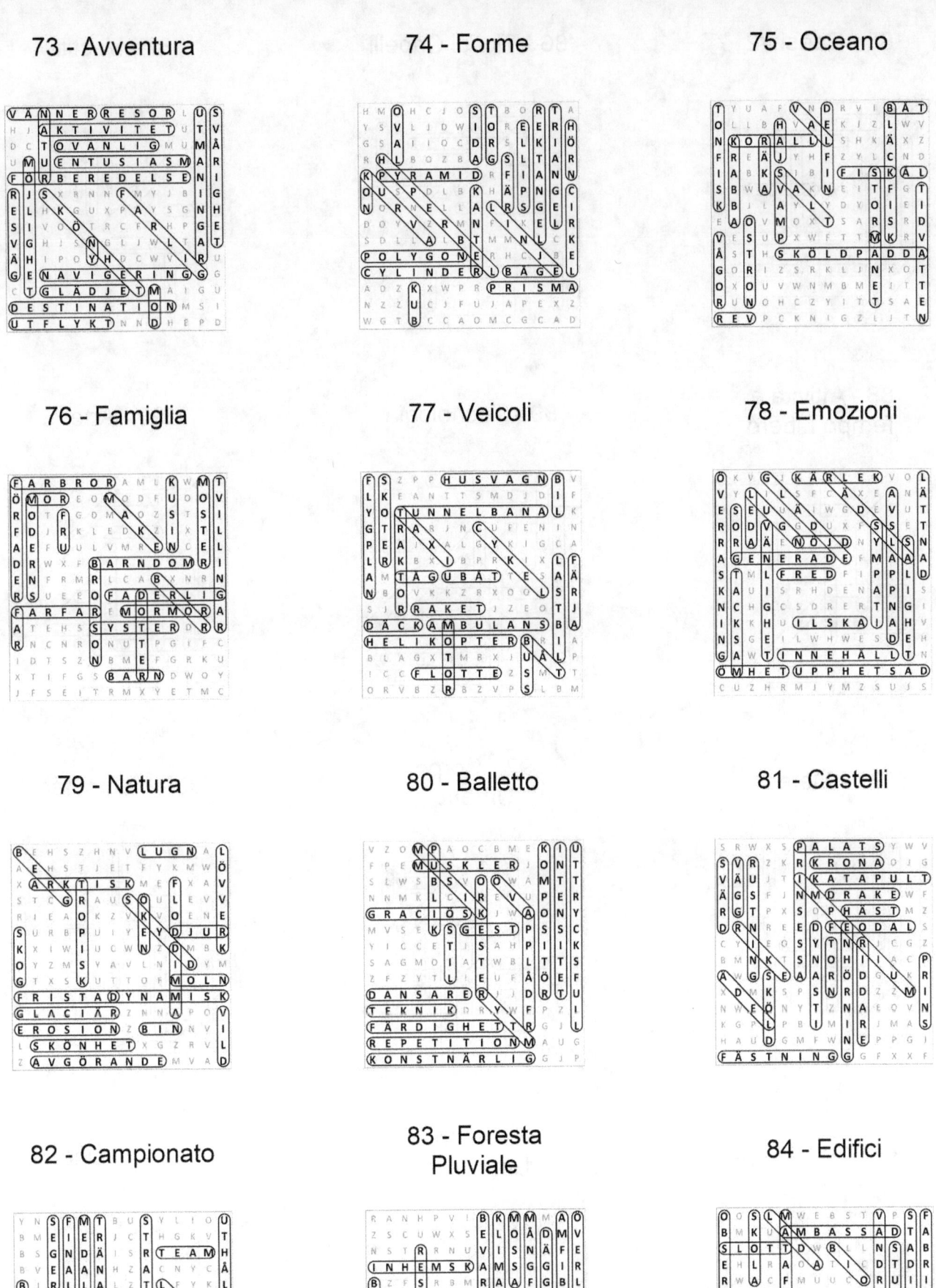

73 - Avventura

74 - Forme

75 - Oceano

76 - Famiglia

77 - Veicoli

78 - Emozioni

79 - Natura

80 - Balletto

81 - Castelli

82 - Campionato

83 - Foresta Pluviale

84 - Edifici

85 - Paesi #2

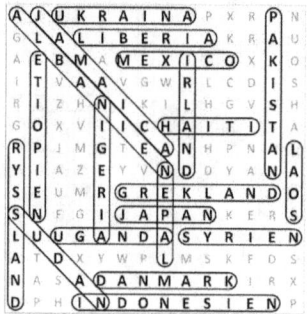

86 - Tipi di Capelli

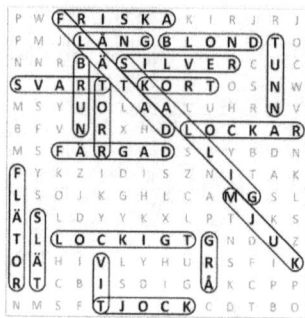

87 - Vestiti

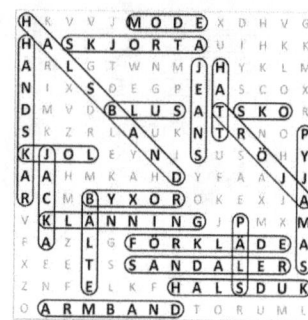

88 - Attività e Tempo Libero

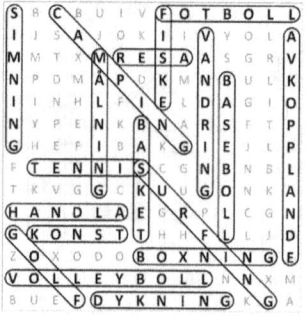

89 - Tecnologia

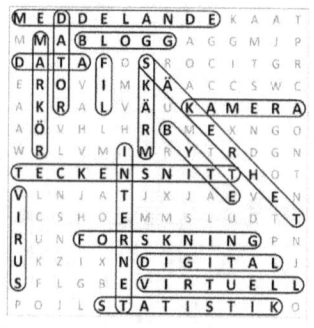

90 - Arte

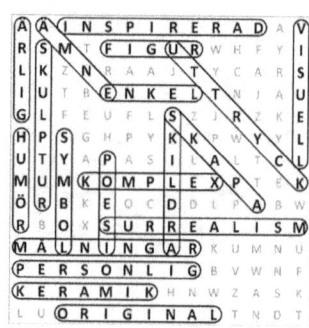

91 - Meteo

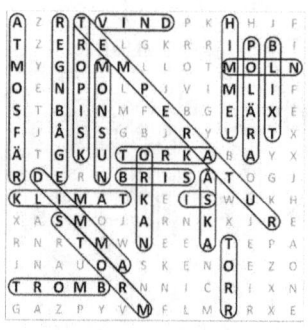

92 - Corpo Umano

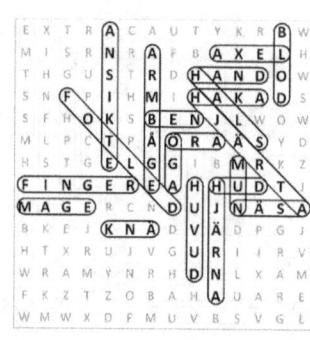

93 - Mammiferi

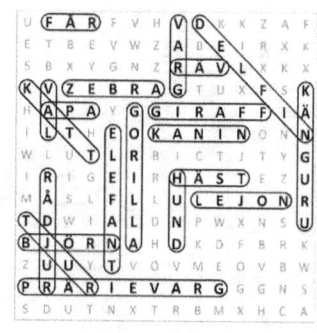

94 - Arrampicata

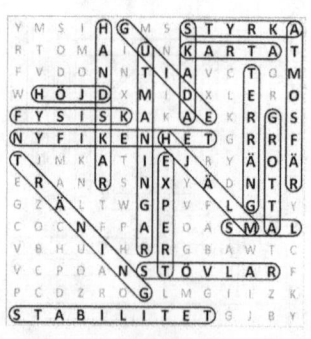

95 - Animali Domestici

96 - Cucina

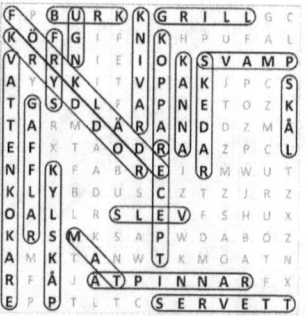

97 - Vacanze #2

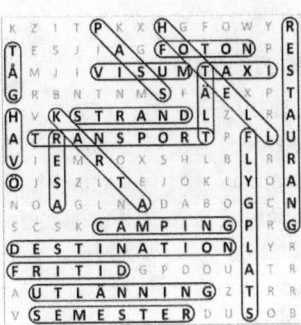

98 - Attività

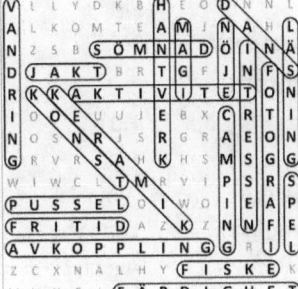

99 - Forniture Artistiche

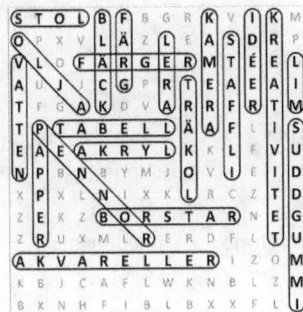

100 - Misurazioni

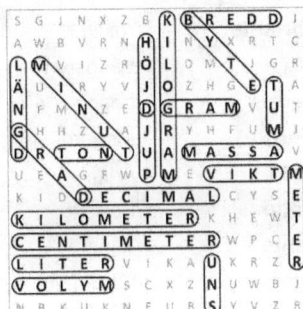

Dizionario

Acqua
Vatten

Alluvione	Översvämning
Canale	Kanal
Doccia	Dusch
Evaporazione	Avdunstning
Fiume	Flod
Gelo	Frost
Geyser	Gejser
Ghiaccio	Is
Irrigazione	Bevattning
Lago	Sjö
Monsone	Monsun
Neve	Snö
Oceano	Hav
Onde	Vågor
Pioggia	Regn
Potabile	Drickbar
Umidità	Fukt
Umido	Fuktig
Uragano	Orkan
Vapore	Ånga

Aeroplani
Flygplan

Altezza	Höjd
Aria	Luft
Atmosfera	Atmosfär
Atterraggio	Landning
Avventura	Äventyr
Carburante	Bränsle
Cielo	Himmel
Costruzione	Konstruktion
Design	Design
Direzione	Riktning
Discesa	Härkomst
Equipaggio	Besättning
Idrogeno	Väte
Motore	Motor
Navigare	Navigera
Palloncino	Ballong
Passeggero	Passagerare
Pilota	Pilot
Storia	Historia
Turbolenza	Turbulens

Aggettivi #1
Adjektiv #1

Ambizioso	Ambitiös
Aromatico	Aromatisk
Artistico	Konstnärlig
Assoluto	Absolut
Attivo	Aktiv
Enorme	Enorm
Esotico	Exotisk
Generoso	Generös
Giovane	Ung
Grande	Stor
Identico	Identisk
Importante	Viktig
Lento	Långsam
Lungo	Lång
Moderno	Modern
Onesto	Ärlig
Perfetto	Perfekt
Pesante	Tung
Prezioso	Värdefull
Sottile	Tunn

Aggettivi #2
Adjektiv #2

Affamato	Hungrig
Asciutto	Torr
Autentico	Autentisk
Creativo	Kreativ
Descrittivo	Beskrivande
Dolce	Söt
Drammatico	Dramatisk
Elegante	Elegant
Famoso	Känd
Forte	Stark
Interessante	Intressant
Naturale	Naturlig
Normale	Normal
Nuovo	Ny
Orgoglioso	Stolt
Produttivo	Produktiv
Puro	Ren
Responsabile	Ansvarig
Salato	Salt
Sano	Friska

Animali Domestici
Husdjur

Acqua	Vatten
Cane	Hund
Capra	Get
Cibo	Mat
Coda	Svans
Collare	Krage
Coniglio	Kanin
Criceto	Hamster
Cucciolo	Valp
Gattino	Kattunge
Gatto	Katt
Guinzaglio	Koppel
Lucertola	Ödla
Mucca	Ko
Pappagallo	Papegoja
Pesce	Fisk
Tartaruga	Sköldpadda
Topo	Mus
Veterinario	Veterinär
Zampe	Tassar

Antartide
Antarktis

Acqua	Vatten
Ambiente	Miljö
Baia	Vik
Balene	Valar
Conservazione	Bevarande
Continente	Kontinent
Geografia	Geografi
Ghiacciai	Glaciärer
Ghiaccio	Is
Isole	Öar
Migrazione	Migration
Minerali	Mineraler
Nuvole	Moln
Penisola	Halvö
Ricercatore	Forskare
Roccioso	Stenig
Scientifico	Vetenskaplig
Spedizione	Expedition
Temperatura	Temperatur
Topografia	Topografi

Api
Bin

Ali	Vingar
Alveare	Bikupa
Benefico	Välgörande
Cera	Vax
Cibo	Mat
Diversità	Mångfald
Ecosistema	Ekosystem
Fiori	Blommor
Fiorire	Blomma
Frutta	Frukt
Fumo	Rök
Giardino	Trädgård
Habitat	Livsmiljö
Insetto	Insekt
Miele	Honung
Piante	Växter
Polline	Pollen
Regina	Drottning
Sciame	Svärm
Sole	Sol

Arrampicata
Klättring

Altitudine	Höjd
Atmosfera	Atmosfär
Casco	Hjälm
Curiosità	Nyfikenhet
Escursioni	Vandring
Esperto	Expert
Fisico	Fysisk
Formazione	Träning
Forza	Styrka
Grotta	Grotta
Guanti	Handskar
Guide	Guide
Lesione	Skada
Mappa	Karta
Sfide	Utmaningar
Stabilità	Stabilitet
Stivali	Stövlar
Stretto	Smal
Terreno	Terräng

Arte
Konst

Ceramica	Keramik
Complesso	Komplex
Creare	Skapa
Dipinti	Målningar
Espressione	Uttryck
Figura	Figur
Ispirato	Inspirerad
Onesto	Ärlig
Originale	Original
Personale	Personlig
Poesia	Poesi
Ritrarre	Skildra
Scultura	Skulptur
Semplice	Enkel
Simbolo	Symbol
Soggetto	Ämne
Surrealismo	Surrealism
Umore	Humör
Visivo	Visuell

Arti Visive
Visuella Konsterna

Architettura	Arkitektur
Argilla	Lera
Artista	Konstnär
Capolavoro	Mästerverk
Carbone	Träkol
Cavalletto	Staffli
Cera	Vax
Ceramica	Keramik
Creatività	Kreativitet
Film	Film
Fotografia	Fotografi
Gesso	Krita
Penna	Penna
Pittura	Målning
Prospettiva	Perspektiv
Ritratto	Porträtt
Scultura	Skulptur
Stampino	Stencil
Vernice	Lack

Astronomia
Astronomi

Asteroide	Asteroid
Astronauta	Astronaut
Astronomo	Astronom
Cielo	Himmel
Cosmo	Kosmos
Costellazione	Konstellation
Equinozio	Dagjämning
Galassia	Galax
Gravità	Allvar
Luna	Måne
Meteora	Meteor
Nebulosa	Nebulosa
Osservatorio	Observatorium
Pianeta	Planet
Radiazione	Strålning
Razzo	Raket
Supernova	Supernova
Telescopio	Teleskop
Terra	Jord
Universo	Universum

Attività
Aktiviteter

Abilità	Färdighet
Arte	Konst
Artigianato	Hantverk
Attività	Aktivitet
Caccia	Jakt
Campeggio	Camping
Ceramica	Keramik
Cucire	Sömnad
Danza	Dans
Escursioni	Vandring
Fotografia	Fotografi
Giochi	Spel
Interessi	Intressen
Lettura	Läsning
Magia	Magi
Pesca	Fiske
Piacere	Nöje
Puzzle	Pussel
Rilassamento	Avkoppling
Tempo Libero	Fritid

Attività e Tempo Libero
Aktiviteter och Fritid

Arte	Konst
Baseball	Baseboll
Basket	Basket
Boxe	Boxning
Calcio	Fotboll
Campeggio	Camping
Escursioni	Vandring
Golf	Golf
Immersione	Dykning
Nuoto	Simning
Pallavolo	Volleyboll
Pesca	Fiske
Pittura	Målning
Rilassante	Avkopplande
Shopping	Handla
Surf	Surfing
Tennis	Tennis
Viaggio	Resa

Avventura
Äventyr

Amici	Vänner
Attività	Aktivitet
Bellezza	Skönhet
Coraggio	Mod
Destinazione	Destination
Difficoltà	Svårighet
Entusiasmo	Entusiasm
Escursione	Utflykt
Gioia	Glädje
Insolito	Ovanlig
Itinerario	Resväg
Natura	Natur
Navigazione	Navigering
Nuovo	Ny
Opportunità	Möjlighet
Pericoloso	Farlig
Preparazione	Förberedelse
Sfide	Utmaningar
Sicurezza	Säkerhet
Viaggi	Resor

Balletto
Balett

Abilità	Färdighet
Applauso	Applåder
Artistico	Konstnärlig
Ballerina	Ballerina
Ballerini	Dansare
Compositore	Kompositör
Coreografia	Koreografi
Espressivo	Uttrycksfull
Gesto	Gest
Grazioso	Graciös
Intensità	Intensitet
Muscoli	Muskler
Musica	Musik
Orchestra	Orkester
Pratica	Öva
Prova	Repetition
Pubblico	Publik
Ritmo	Rytm
Stile	Stil
Tecnica	Teknik

Barbecue
Grillar

Caldo	Varm
Cena	Middag
Cibo	Mat
Cipolle	Lök
Coltelli	Knivar
Estate	Sommar
Fame	Hunger
Famiglia	Familj
Frutta	Frukt
Giochi	Spel
Griglia	Grill
Insalate	Sallader
Invito	Inbjudan
Musica	Musik
Pepe	Peppar
Pollo	Kyckling
Pomodori	Tomater
Pranzo	Lunch
Sale	Salt
Salsa	Sås

Campeggio
Camping

Alberi	Träd
Amaca	Hängmatta
Animali	Djur
Avventura	Äventyr
Bussola	Kompass
Cabina	Stuga
Caccia	Jakt
Canoa	Kanot
Cappello	Hatt
Corda	Rep
Divertimento	Roligt
Foresta	Skog
Fuoco	Eld
Insetto	Insekt
Lago	Sjö
Luna	Måne
Mappa	Karta
Montagna	Berg
Natura	Natur
Tenda	Tält

Campionato
Mästerskap

Allenatore	Tränare
Campionato	Mästerskap
Campione	Mästare
Finalista	Finalist
Giochi	Spel
Giudice	Bedöma
Lega	Liga
Medaglia	Medalj
Motivazione	Motivering
Prestazione	Prestanda
Resistenza	Uthållighet
Sportivo	Sport
Squadra	Team
Strategia	Strategi
Sudore	Svett
Torneo	Turnering
Vittoria	Seger

Casa
Hus

Attico	Vind
Biblioteca	Bibliotek
Camera	Rum
Camino	Skorsten
Chiavi	Nycklar
Cucina	Kök
Doccia	Dusch
Finestra	Fönster
Garage	Garage
Giardino	Trädgård
Lampada	Lampa
Parete	Vägg
Pavimento	Golv
Porta	Dörr
Recinto	Staket
Rubinetto	Kran
Scopa	Kvast
Specchio	Spegel
Tappeto	Matta
Tetto	Tak

Castelli
Slott

Armatura	Rustning
Catapulta	Katapult
Cavaliere	Riddare
Cavallo	Häst
Corona	Krona
Dinastia	Dynasti
Drago	Drake
Feudale	Feodal
Fortezza	Fästning
Impero	Imperium
Nobile	Ädel
Palazzo	Palats
Parete	Vägg
Principe	Prins
Principessa	Prinsessa
Regno	Rike
Scudo	Sköld
Spada	Svärd
Torre	Torn
Unicorno	Enhörning

Cibo #1
Mat #1

Aglio	Vitlök
Basilico	Basilika
Cannella	Kanel
Carne	Kött
Carota	Morot
Cipolla	Lök
Fragola	Jordgubb
Insalata	Sallad
Latte	Mjölk
Limone	Citron
Menta	Mynta
Orzo	Korn
Pera	Päron
Rapa	Rova
Sale	Salt
Spinaci	Spenat
Succo	Juice
Tonno	Tonfisk
Torta	Kaka
Zucchero	Socker

Cibo #2
Mat #2

Banana	Banan
Broccolo	Broccoli
Ciliegia	Körsbär
Cioccolato	Choklad
Formaggio	Ost
Fungo	Svamp
Grano	Vete
Kiwi	Kiwi
Mela	Äpple
Melanzana	Äggplanta
Pane	Bröd
Pesce	Fisk
Pollo	Kyckling
Pomodoro	Tomat
Prosciutto	Skinka
Riso	Ris
Sedano	Selleri
Uovo	Ägg
Uva	Druva
Yogurt	Yoghurt

Cioccolato
Choklad

Amaro	Bitter
Antiossidante	Antioxidant
Arachidi	Jordnötter
Aroma	Arom
Cacao	Kakao
Calorie	Kalorier
Caramella	Godis
Caramello	Kola
Delizioso	Läcker
Dolce	Söt
Esotico	Exotisk
Gusto	Smak
Ingrediente	Ingrediens
Noce di Cocco	Kokos
Polvere	Pulver
Preferito	Favorit
Qualità	Kvalitet
Ricetta	Recept
Zucchero	Socker

Circo
Cirkus

Acrobata	Akrobat
Animali	Djur
Biglietto	Biljett
Caramella	Godis
Clown	Clown
Costume	Kostym
Elefante	Elefant
Giocoliere	Jonglör
Leone	Lejon
Magia	Magi
Mago	Trollkarl
Musica	Musik
Palloncini	Ballonger
Parata	Parad
Scimmia	Apa
Spettacolare	Spektakulär
Spettatore	Åskådare
Tenda	Tält
Tigre	Tiger
Trucco	Lura

Città
Staden

Aeroporto	Flygplats
Banca	Bank
Biblioteca	Bibliotek
Cinema	Bio
Clinica	Klinik
Farmacia	Apotek
Galleria	Galleri
Hotel	Hotell
Libreria	Bokhandel
Mercato	Marknad
Museo	Museum
Negozio	Lagra
Panetteria	Bageri
Ristorante	Restaurang
Scuola	Skola
Stadio	Stadion
Supermercato	Mataffär
Teatro	Teater
Università	Universitet
Zoo	Zoo

Colori
Färger

Arancia	Apelsin
Beige	Beige
Bianco	Vit
Blu	Blå
Ciano	Cyan
Fucsia	Fuchsia
Giallo	Gul
Grigio	Grå
Indaco	Indigo
Magenta	Magenta
Marrone	Brun
Nero	Svart
Rosa	Rosa
Rosso	Röd
Seppia	Sepia
Verde	Grön
Viola	Lila

Compleanno
Födelsedag

Amici	Vänner
Anno	År
Calendario	Kalender
Candele	Ljus
Canzone	Låt
Carte	Kort
Celebrazione	Firande
Divertimento	Roligt
Felice	Lycklig
Gioioso	Glad
Giorno	Dag
Giovane	Ung
Grande	Bra
Inviti	Inbjudningar
Nato	Född
Regalo	Gåva
Saggezza	Visdom
Speciale	Särskild
Tempo	Tid
Torta	Kaka

Conservazione
Bevarande

Acqua	Vatten
Ambientale	Miljö
Ciclo	Cykel
Clima	Klimat
Ecosistema	Ekosystem
Educazione	Utbildning
Habitat	Livsmiljö
Inquinamento	Förorening
Naturale	Naturlig
Organico	Organisk
Preoccupazione	Oro
Riciclare	Återvinna
Ridurre	Minska
Salute	Hälsa
Sostenibile	Hållbar
Verde	Grön
Volontario	Volontär

Corpo Umano
Människokroppen

Bocca	Mun
Caviglia	Fotled
Cervello	Hjärna
Collo	Hals
Cuore	Hjärta
Dito	Finger
Faccia	Ansikte
Gamba	Ben
Ginocchio	Knä
Gomito	Armbåge
Mano	Hand
Mento	Haka
Naso	Näsa
Occhio	Öga
Orecchio	Öra
Pelle	Hud
Sangue	Blod
Spalla	Axel
Stomaco	Mage
Testa	Huvud

Cucina
Kök

Bacchette	Ätpinnar
Bollitore	Vattenkokare
Brocca	Kanna
Cibo	Mat
Ciotola	Skål
Coltelli	Knivar
Congelatore	Frys
Cucchiai	Skedar
Forchette	Gafflar
Forno	Ugn
Frigorifero	Kylskåp
Grembiule	Förkläde
Griglia	Grill
Mestolo	Slev
Ricetta	Recept
Spezie	Kryddor
Spugna	Svamp
Tazze	Koppar
Tovagliolo	Servett
Vaso	Burk

Danza
Dansa

Accademia	Akademi
Arte	Konst
Classico	Klassisk
Compagno	Partner
Coreografia	Koreografi
Corpo	Kropp
Cultura	Kultur
Culturale	Kulturell
Emozione	Känsla
Espressivo	Uttrycksfull
Gioioso	Glad
Grazia	Nåd
Movimento	Rörelse
Musica	Musik
Postura	Hållning
Prova	Repetition
Ritmo	Rytm
Salto	Hoppa
Tradizionale	Traditionell
Visivo	Visuell

Dinosauri
Dinosaurier

Ali	Vingar
Carnivoro	Rovdjur
Coda	Svans
Enorme	Enorm
Erbivoro	Växtätare
Evoluzione	Evolution
Fossili	Fossil
Grande	Stor
Mammut	Mammut
Onnivoro	Allätare
Potente	Kraftfull
Preda	Byte
Preistorico	Förhistorisk
Rapace	Rovfågel
Rettile	Reptil
Scomparsa	Försvinnande
Specie	Art
Taglia	Storlek
Terra	Jord
Vizioso	Ond

Discipline Scientifiche
Vetenskapliga Discipliner

Anatomia	Anatomi
Archeologia	Arkeologi
Astronomia	Astronomi
Biochimica	Biokemi
Biologia	Biologi
Botanica	Botanik
Chimica	Kemi
Ecologia	Ekologi
Fisiologia	Fysiologi
Geologia	Geologi
Immunologia	Immunologi
Linguistica	Lingvistik
Meccanica	Mekanik
Meteorologia	Meteorologi
Mineralogia	Mineralogi
Neurologia	Neurologi
Psicologia	Psykologi
Sociologia	Sociologi
Termodinamica	Termodynamik
Zoologia	Zoologi

Ecologia
Ekologi

Clima	Klimat
Comunità	Samhällen
Diversità	Mångfald
Fauna	Fauna
Flora	Flora
Globale	Global
Habitat	Livsmiljö
Marino	Marin
Natura	Natur
Naturale	Naturlig
Palude	Kärr
Piante	Växter
Risorse	Medel
Siccità	Torka
Sopravvivenza	Överlevnad
Sostenibile	Hållbar
Specie	Art
Varietà	Mängd
Vegetazione	Vegetation
Volontari	Frivilliga

Edifici
Byggnader

Ambasciata	Ambassad
Appartamento	Lägenhet
Cabina	Stuga
Castello	Slott
Cinema	Bio
Fabbrica	Fabrik
Fienile	Lada
Hotel	Hotell
Laboratorio	Laboratorium
Museo	Museum
Ospedale	Sjukhus
Osservatorio	Observatorium
Ostello	Vandrarhem
Scuola	Skola
Stadio	Stadion
Supermercato	Mataffär
Teatro	Teater
Tenda	Tält
Torre	Torn
Università	Universitet

Emozioni
Känslor

Amore	Kärlek
Beatitudine	Salighet
Contenuto	Innehåll
Eccitato	Upphetsad
Gentilezza	Vänlighet
Gioia	Glädje
Grato	Tacksam
Imbarazzato	Generad
Noia	Leda
Pace	Fred
Paura	Rädsla
Rabbia	Ilska
Rilassato	Avslappnad
Rilievo	Lättnad
Simpatia	Sympati
Soddisfatto	Nöjd
Sorpresa	Överraskning
Tenerezza	Ömhet
Tranquillità	Lugn
Tristezza	Sorg

Erboristeria
Herbalism

Aglio	Vitlök
Aneto	Dill
Aromatico	Aromatisk
Basilico	Basilika
Culinario	Kulinarisk
Dragoncello	Dragon
Finocchio	Fänkål
Fiore	Blomma
Giardino	Trädgård
Ingrediente	Ingrediens
Lavanda	Lavendel
Maggiorana	Mejram
Menta	Mynta
Origano	Oregano
Prezzemolo	Persilja
Qualità	Kvalitet
Rosmarino	Rosmarin
Timo	Timjan
Verde	Grön
Zafferano	Saffran

Escursionismo
Vandring

Acqua	Vatten
Animali	Djur
Campeggio	Camping
Clima	Klimat
Guide	Guide
Mappa	Karta
Montagna	Berg
Natura	Natur
Orientamento	Orientering
Parchi	Parker
Pericoli	Risker
Pesante	Tung
Pietre	Stenar
Preparazione	Förberedelse
Scogliera	Klippa
Selvaggio	Vild
Sole	Sol
Stanco	Trött
Stivali	Stövlar
Vertice	Toppmöte

Esplorazione
Prospektering

Animali	Djur
Attività	Aktivitet
Coraggio	Mod
Culture	Kulturer
Determinazione	Bestämning
Eccitazione	Spänning
Esaurimento	Utmattning
Lingua	Språk
Nuovo	Ny
Pericoli	Risker
Pericoloso	Farlig
Sconosciuto	Okänd
Scoperta	Upptäckt
Selvaggio	Vild
Spazio	Rymd
Terreno	Terräng
Viaggio	Resa

Estate
Sommaren

Amici	Vänner
Campeggio	Camping
Casa	Hem
Cibo	Mat
Famiglia	Familj
Giardino	Trädgård
Giochi	Spel
Gioia	Glädje
Immersione	Dykning
Libri	Böcker
Mare	Hav
Musica	Musik
Ricordi	Minnen
Rilassamento	Avkoppling
Sandali	Sandaler
Spiaggia	Strand
Stelle	Stjärnor
Tempo Libero	Fritid
Vacanza	Semester
Viaggio	Resa

Famiglia
Familj

Antenato	Förfader
Bambino	Barn
Cugino	Kusin
Figlia	Dotter
Fratello	Bror
Gemelli	Tvillingar
Infanzia	Barndom
Madre	Mor
Marito	Make
Materno	Moderns
Moglie	Fru
Nipote	Brorson
Nonna	Mormor
Nonno	Farfar
Padre	Far
Paterno	Faderlig
Sorella	Syster
Zia	Moster
Zio	Farbror

Fantascienza
Science Fiction

Atomico	Atom
Cinema	Bio
Distopia	Dystopi
Esplosione	Explosion
Estremo	Extrem
Fantastico	Fantastisk
Fuoco	Eld
Futuristico	Trogen
Galassia	Galax
Illusione	Illusion
Immaginario	Imaginär
Libri	Böcker
Misterioso	Mystisk
Mondo	Värld
Oracolo	Orakel
Pianeta	Planet
Realistico	Realistisk
Robot	Robotar
Tecnologia	Teknik
Utopia	Utopi

Fattoria #1
Gård #1

Acqua	Vatten
Agricoltura	Jordbruk
Ape	Bi
Asino	Åsna
Campo	Fält
Cane	Hund
Capra	Get
Cavallo	Häst
Fertilizzante	Gödsel
Fieno	Hö
Gatto	Katt
Gregge	Flock
Maiale	Gris
Miele	Honung
Mucca	Ko
Pollo	Kyckling
Recinto	Staket
Riso	Ris
Semi	Frön
Vitello	Kalv

Fattoria #2
Gård #2

Agnello	Lamm
Agricoltore	Bonde
Alveare	Bikupa
Anatra	Anka
Animali	Djur
Cibo	Mat
Fienile	Lada
Frutta	Frukt
Frutteto	Fruktträdgård
Grano	Vete
Irrigazione	Bevattning
Lama	Lama
Latte	Mjölk
Mais	Majs
Oche	Gäss
Orzo	Korn
Pastore	Herde
Pecora	Får
Prato	Äng
Trattore	Traktor

Fiori
Blommor

Dente di Leone	Maskros
Gardenia	Gardenia
Gelsomino	Jasmin
Giglio	Lilja
Girasole	Solros
Ibisco	Hibiskus
Lavanda	Lavendel
Lilla	Lila
Magnolia	Magnolia
Margherita	Tusensköna
Mazzo	Bukett
Narciso	Påsklilja
Orchidea	Orkidé
Papavero	Vallmo
Passiflora	Passionflower
Peonia	Pion
Petalo	Kronblad
Plumeria	Plumeria
Trifoglio	Klöver
Tulipano	Tulpan

Foresta Pluviale
Regnskog

Anfibi	Amfibier
Botanico	Botanisk
Clima	Klimat
Comunità	Gemenskap
Diversità	Mångfald
Giungla	Djungel
Indigeno	Inhemsk
Insetti	Insekter
Mammiferi	Däggdjur
Muschio	Mossa
Natura	Natur
Nuvole	Moln
Preservazione	Bevarande
Prezioso	Värdefull
Restauro	Restaurering
Rifugio	Tillflykt
Rispetto	Respekt
Sopravvivenza	Överlevnad
Specie	Art
Uccelli	Fåglar

Forme
Former

Angolo	Hörn
Arco	Båge
Bordi	Kanter
Cerchio	Cirkel
Cilindro	Cylinder
Cono	Kon
Cubo	Kub
Curva	Kurva
Ellisse	Ellips
Iperbole	Hyperbel
Lato	Sida
Linea	Linje
Ovale	Oval
Piramide	Pyramid
Poligono	Polygon
Prisma	Prisma
Quadrato	Torg
Rettangolo	Rektangel
Sfera	Sfär
Triangolo	Triangel

Forniture Artistiche
Konstmaterial

Acqua	Vatten
Acquerelli	Akvareller
Acrilico	Akryl
Argilla	Lera
Carbone	Träkol
Carta	Papper
Cavalletto	Staffli
Colla	Lim
Colori	Färger
Creatività	Kreativitet
Gomma	Suddgummi
Idee	Idéer
Inchiostro	Bläck
Matite	Pennor
Olio	Olja
Sedia	Stol
Spazzole	Borstar
Tavolo	Tabell
Telecamera	Kamera
Vernici	Färg

Frutta
Frukt

Albicocca	Aprikos
Ananas	Ananas
Arancia	Apelsin
Avocado	Avokado
Bacca	Bär
Banana	Banan
Ciliegia	Körsbär
Kiwi	Kiwi
Lampone	Hallon
Limone	Citron
Mango	Mango
Mela	Äpple
Melone	Melon
Mora	Björnbär
Nettarina	Nektarin
Papaia	Papaya
Pera	Päron
Pesca	Persika
Prugna	Plommon
Uva	Druva

Gatti
Katter

Artiglio	Klo
Cacciatore	Jägare
Coda	Svans
Curioso	Nyfiken
Divertente	Rolig
Dormire	Sömn
Filo	Garn
Giocoso	Lekfull
Indipendente	Oberoende
Pazzo	Galen
Pelliccia	Päls
Personalità	Personlighet
Poco	Liten
Selvaggio	Vild
Timido	Blyg
Topo	Mus
Veloce	Snabb
Zampa	Tass

Gentilezza
Vänlighet

Affidabile	Pålitlig
Amichevole	Vänlig
Amorevole	Kärleksfull
Attento	Uppmärksam
Compassionevole	Medlidsam
Comprensione	Förståelse
Dolce	Mild
Felice	Lycklig
Generoso	Generös
Genuino	Äkta
Onesto	Ärlig
Ospitale	Gästfri
Paziente	Patient
Ricettivo	Mottaglig
Rispettoso	Respektfull
Tollerante	Tolerant
Utile	Hjälpsam

Geografia
Geografi

Altitudine	Höjd
Atlante	Atlas
Città	Stad
Continente	Kontinent
Emisfero	Halvklot
Fiume	Flod
Isola	Ö
Latitudine	Breddgrad
Longitudine	Longitud
Mappa	Karta
Mare	Hav
Meridiano	Meridian
Mondo	Värld
Montagna	Berg
Nord	Norr
Ovest	Väst
Paese	Land
Regione	Område
Sud	Söder
Territorio	Territorium

Geologia
Geologi

Acido	Syra
Altopiano	Platå
Calcio	Kalcium
Caverna	Grotta
Continente	Kontinent
Corallo	Korall
Cristalli	Kristaller
Erosione	Erosion
Fossile	Fossil
Geyser	Gejser
Lava	Lava
Minerali	Mineraler
Pietra	Sten
Quarzo	Kvarts
Sale	Salt
Stalagmiti	Stalagmiter
Stalattite	Stalaktit
Strato	Lager
Terremoto	Jordbävning
Vulcano	Vulkan

Giardino
Trädgård

Albero	Träd
Amaca	Hängmatta
Cespuglio	Buske
Erba	Gräs
Erbacce	Ogräs
Fiore	Blomma
Frutteto	Fruktträdgård
Garage	Garage
Giardino	Trädgård
Pala	Skyffel
Panca	Bänk
Prato	Gräsmatta
Rastrello	Räfsa
Recinto	Staket
Stagno	Damm
Suolo	Jord
Terrazza	Terrass
Trampolino	Trampolin
Tubo	Slang
Vite	Vin

Giocattoli
Leksaker

Aereo	Flygplan
Aquilone	Drake
Argilla	Lera
Artigianato	Hantverk
Auto	Bil
Bambola	Docka
Barca	Båt
Batteria	Trummor
Bicicletta	Cykel
Camion	Lastbil
Giochi	Spel
Immaginazione	Fantasi
Libri	Böcker
Palla	Boll
Preferito	Favorit
Puzzle	Pussel
Robot	Robot
Scacchi	Schack
Treno	Tåg
Vernici	Färg

Giorni e Mesi
Dagar och Månader

Agosto	Augusti
Anno	År
Aprile	April
Calendario	Kalender
Dicembre	December
Domenica	Söndag
Febbraio	Februari
Gennaio	Januari
Giugno	Juni
Luglio	Juli
Lunedì	Måndag
Martedì	Tisdag
Mercoledì	Onsdag
Mese	Månad
Novembre	November
Ottobre	Oktober
Sabato	Lördag
Settembre	September
Settimana	Vecka
Venerdì	Fredag

Guida
Körning

Auto	Bil
Autobus	Buss
Carburante	Bränsle
Freni	Bromsar
Garage	Garage
Gas	Gas
Incidente	Olycka
Licenza	Licens
Mappa	Karta
Moto	Motorcykel
Motore	Motor
Pedonale	Fotgängare
Pericolo	Fara
Polizia	Polis
Sicurezza	Säkerhet
Strada	Väg
Traffico	Trafik
Trasporto	Transport
Tunnel	Tunnel
Velocità	Hastighet

Imbarcazioni
Båtar

Albero	Mast
Ancora	Ankare
Barca a Vela	Segelbåt
Boa	Boj
Canoa	Kanot
Corda	Rep
Dock	Docka
Equipaggio	Besättning
Fiume	Flod
Kayak	Kajak
Lago	Sjö
Mare	Hav
Marea	Tidvatten
Marinaio	Sjöman
Motore	Motor
Nautico	Nautisk
Onde	Vågor
Traghetto	Färja
Yacht	Yacht
Zattera	Flotte

Insetti
Insekter

Afide	Bladlus
Ape	Bi
Calabrone	Bålgeting
Cavalletta	Gräshoppa
Cicala	Cikada
Coccinella	Nyckelpiga
Coleottero	Skalbagge
Falena	Mal
Farfalla	Fjäril
Formica	Myra
Larva	Larv
Libellula	Trollslända
Mantide	Bönsyrsa
Pulce	Loppa
Scarafaggio	Kackerlacka
Termite	Termit
Verme	Mask
Vespa	Geting
Zanzara	Mygga

Letteratura
Litteratur

Analisi	Analys
Analogia	Analogi
Aneddoto	Anekdot
Autore	Författare
Biografia	Biografi
Conclusione	Slutsats
Confronto	Jämförelse
Descrizione	Beskrivning
Dialogo	Dialog
Genere	Genre
Metafora	Metafor
Opinione	Åsikt
Poesia	Dikt
Poetico	Poetisk
Rima	Rim
Ritmo	Rytm
Romanzo	Roman
Stile	Stil
Tema	Tema
Tragedia	Tragedi

Libri
Böcker

Autore	Författare
Avventura	Äventyr
Collezione	Samling
Contesto	Sammanhang
Dualità	Dualitet
Epico	Episk
Immersione	Nedsänkning
Letterario	Litterär
Lettore	Läsare
Narratore	Berättare
Pagina	Sida
Poesia	Poesi
Rilevante	Relevant
Romanzo	Roman
Scritto	Skrivs
Serie	Rad
Storia	Berättelse
Storico	Historisk
Tragico	Tragisk
Umoristico	Humoristisk

Mammiferi
Däggdjur

Balena	Val
Cane	Hund
Canguro	Känguru
Cavallo	Häst
Cervo	Rådjur
Coniglio	Kanin
Coyote	Prärievarg
Delfino	Delfin
Elefante	Elefant
Gatto	Katt
Giraffa	Giraff
Gorilla	Gorilla
Leone	Lejon
Lupo	Varg
Orso	Björn
Pecora	Får
Scimmia	Apa
Toro	Tjur
Volpe	Räv
Zebra	Zebra

Matematica
Matematik

Angoli	Vinklar
Aritmetica	Aritmetisk
Decimale	Decimal
Diametro	Diameter
Divisione	Division
Equazione	Ekvation
Esponente	Exponent
Frazione	Fraktion
Geometria	Geometri
Parallelo	Parallell
Perimetro	Omkrets
Perpendicolare	Vinkelrät
Poligono	Polygon
Quadrato	Torg
Raggio	Radie
Rettangolo	Rektangel
Simmetria	Symmetri
Somma	Summa
Triangolo	Triangel
Volume	Volym

Meditazione
Meditation

Accettazione	Godkännande
Attenzione	Uppmärksamhet
Calma	Lugn
Chiarezza	Klarhet
Compassione	Medkänsla
Emozioni	Känslor
Gentilezza	Vänlighet
Gratitudine	Tacksamhet
Mentale	Psykisk
Mente	Sinne
Movimento	Rörelse
Musica	Musik
Natura	Natur
Osservazione	Observation
Pace	Fred
Pensieri	Tankar
Postura	Hållning
Prospettiva	Perspektiv
Respirazione	Andas
Silenzio	Tystnad

Meteo
Väder

Arcobaleno	Regnbåge
Asciutto	Torr
Atmosfera	Atmosfär
Brezza	Bris
Cielo	Himmel
Clima	Klimat
Fulmine	Blixt
Ghiaccio	Is
Monsone	Monsun
Nebbia	Dimma
Nube	Moln
Polare	Polära
Siccità	Torka
Temperatura	Temperatur
Tempesta	Storm
Tornado	Tromb
Tropicale	Tropisk
Tuono	Åska
Uragano	Orkan
Vento	Vind

Misurazioni
Mått

Altezza	Höjd
Byte	Byte
Centimetro	Centimeter
Chilogrammo	Kilogram
Chilometro	Kilometer
Decimale	Decimal
Grado	Grad
Grammo	Gram
Larghezza	Bredd
Litro	Liter
Lunghezza	Längd
Massa	Massa
Metro	Meter
Minuto	Minut
Oncia	Uns
Peso	Vikt
Pollice	Tum
Profondità	Djup
Tonnellata	Ton
Volume	Volym

Mitologia
Mytologi

Archetipo	Arketyp
Comportamento	Beteende
Creatura	Varelse
Creazione	Skapande
Cultura	Kultur
Disastro	Katastrof
Divinità	Gudom
Eroe	Hjälte
Forza	Styrka
Fulmine	Blixt
Gelosia	Svartsjuka
Guerriero	Krigare
Immortalità	Odödlighet
Labirinto	Labyrint
Leggenda	Legend
Magico	Magisk
Mortale	Dödlig
Mostro	Monster
Tuono	Åska
Vendetta	Hämnd

Mobili
Möbler

Amaca	Hängmatta
Cuscini	Kuddar
Cuscino	Kudde
Divano	Soffa
Futon	Futon
Lampada	Lampa
Letto	Säng
Libreria	Bokhylla
Materasso	Madrass
Panca	Bänk
Poltrona	Fåtölj
Scaffali	Hyllor
Scrivania	Skrivbord
Sedia	Stol
Specchio	Spegel
Tappeto	Matta
Tende	Gardiner

Natura
Natur

Animali	Djur
Api	Bin
Artico	Arktisk
Bellezza	Skönhet
Deserto	Öken
Dinamico	Dynamisk
Erosione	Erosion
Fiume	Flod
Fogliame	Lövverk
Foresta	Skog
Ghiacciaio	Glaciär
Montagne	Berg
Nebbia	Dimma
Nuvole	Moln
Rifugio	Skydd
Santuario	Fristad
Selvaggio	Vild
Sereno	Lugn
Tropicale	Tropisk
Vitale	Avgörande

Numeri
Nummer

Cinque	Fem
Decimale	Decimal
Diciannove	Nitton
Diciassette	Sjutton
Diciotto	Arton
Dieci	Tio
Dodici	Tolv
Due	Två
Nove	Nio
Otto	Åtta
Quattordici	Fjorton
Quattro	Fyra
Quindici	Femton
Sedici	Sexton
Sei	Sex
Sette	Sju
Tre	Tre
Tredici	Tretton
Venti	Tjugo
Zero	Noll

Nutrizione
Näring

Amaro	Bitter
Appetito	Aptit
Bilanciato	Balanserad
Calorie	Kalorier
Carboidrati	Kolhydrater
Commestibile	Ätlig
Dieta	Kost
Digestione	Matsmältning
Fermentazione	Jäsning
Liquidi	Vätskor
Nutriente	Näringsämne
Peso	Vikt
Proteine	Proteiner
Qualità	Kvalitet
Salsa	Sås
Salute	Hälsa
Sano	Friska
Spezie	Kryddor
Tossina	Toxin
Vitamina	Vitamin

Oceano
Hav

Anguilla	Ål
Balena	Val
Barca	Båt
Corallo	Korall
Delfino	Delfin
Gamberetto	Räka
Granchio	Krabba
Maree	Tidvatten
Medusa	Manet
Onde	Vågor
Ostrica	Ostron
Pesce	Fisk
Polpo	Bläckfisk
Sale	Salt
Scogliera	Rev
Spugna	Svamp
Squalo	Haj
Tartaruga	Sköldpadda
Tempesta	Storm
Tonno	Tonfisk

Paesaggi
Landskap

Cascata	Vattenfall
Collina	Kulle
Deserto	Öken
Dune	Sanddyner
Fiume	Flod
Geyser	Gejser
Ghiacciaio	Glaciär
Grotta	Grotta
Iceberg	Isberg
Isola	Ö
Lago	Sjö
Mare	Hav
Montagna	Berg
Oasi	Oas
Palude	Träsk
Penisola	Halvö
Spiaggia	Strand
Tundra	Tundra
Valle	Dal
Vulcano	Vulkan

Paesi #2
Länder #2

Albania	Albanien
Danimarca	Danmark
Etiopia	Etiopien
Giamaica	Jamaica
Giappone	Japan
Grecia	Grekland
Haiti	Haiti
Indonesia	Indonesien
Irlanda	Irland
Laos	Laos
Liberia	Liberia
Messico	Mexico
Nepal	Nepal
Nigeria	Nigeria
Pakistan	Pakistan
Russia	Ryssland
Siria	Syrien
Sudan	Sudan
Ucraina	Ukraina
Uganda	Uganda

Pesca
Fiske

Acqua	Vatten
Attrezzatura	Utrustning
Barca	Båt
Branchie	Gälar
Cesto	Korg
Cucinare	Kock
Esagerazione	Överdrift
Esca	Bete
Filo	Tråd
Fiume	Flod
Gancio	Krok
Lago	Sjö
Mascella	Käke
Oceano	Hav
Pazienza	Tålamod
Peso	Vikt
Pinne	Fenor
Spiaggia	Strand
Stagione	Säsong

Piante
Växter

Albero	Träd
Bacca	Bär
Bambù	Bambu
Botanica	Botanik
Cactus	Kaktus
Cespuglio	Buske
Crescere	Växa
Edera	Murgröna
Erba	Gräs
Fagiolo	Böna
Fertilizzante	Gödsel
Fiore	Blomma
Flora	Flora
Fogliame	Lövverk
Foresta	Skog
Giardino	Trädgård
Muschio	Mossa
Petalo	Kronblad
Radice	Rot
Vegetazione	Vegetation

Pirati
Pirater

Ancora	Ankare
Avventura	Äventyr
Bandiera	Flagga
Bussola	Kompass
Capitano	Kapten
Cattivo	Dålig
Cicatrice	Ärr
Equipaggio	Besättning
Grotta	Grotta
Isola	Ö
Leggenda	Legend
Mappa	Karta
Monete	Mynt
Oro	Guld
Pappagallo	Papegoja
Pericolo	Fara
Rum	Rom
Spada	Svärd
Spiaggia	Strand
Tesoro	Skatt

Professioni #1
Yrken # 1

Allenatore	Tränare
Ambasciatore	Ambassadör
Artista	Konstnär
Astronomo	Astronom
Avvocato	Advokat
Ballerino	Dansare
Banchiere	Bankir
Cacciatore	Jägare
Cartografo	Kartograf
Editore	Redaktör
Farmacista	Apotekare
Geologo	Geolog
Gioielliere	Juvelerare
Idraulico	Rörmokare
Infermiera	Sjuksköterska
Musicista	Musiker
Pianista	Pianist
Psicologo	Psykolog
Scienziato	Forskare
Veterinario	Veterinär

Professioni #2
Yrken # 2

Astronauta	Astronaut
Bibliotecario	Bibliotekarie
Biologo	Biolog
Chirurgo	Kirurg
Dentista	Tandläkare
Detective	Detektiv
Filosofo	Filosof
Fotografo	Fotograf
Giornalista	Journalist
Illustratore	Illustratör
Ingegnere	Ingenjör
Insegnante	Lärare
Inventore	Uppfinnare
Investigatore	Utredare
Linguista	Lingvist
Medico	Läkare
Pilota	Pilot
Pittore	Målare
Ricercatore	Forskare
Zoologo	Zoolog

Ristorante #1
Restaurang # 1

Allergia	Allergi
Caffè	Kaffe
Cameriera	Servitris
Carne	Kött
Cassiere	Kassör
Cibo	Mat
Ciotola	Skål
Coltello	Kniv
Cucina	Kök
Dessert	Efterrätt
Ingredienti	Ingredienser
Menù	Meny
Pane	Bröd
Piatto	Platta
Piccante	Kryddad
Pollo	Kyckling
Prenotazione	Bokning
Salsa	Sås
Tovagliolo	Servett

Ristorante #2
Restaurang nr 2

Acqua	Vatten
Bevanda	Dryck
Cameriere	Servitör
Cena	Middag
Cucchiaio	Sked
Delizioso	Läcker
Forchetta	Gaffel
Frutta	Frukt
Ghiaccio	Is
Insalata	Sallad
Minestra	Soppa
Pesce	Fisk
Pranzo	Lunch
Sale	Salt
Sedia	Stol
Spezie	Kryddor
Torta	Kaka
Uova	Ägg
Verdure	Grönsaker

Scacchi
Schack

Avversario	Motståndare
Bianco	Vit
Campione	Mästare
Concorso	Tävling
Diagonale	Diagonal
Giocatore	Spelare
Gioco	Spel
Nero	Svart
Passivo	Passiv
Punti	Poäng
Re	Kung
Regina	Drottning
Regole	Regler
Sacrificio	Offra
Sfide	Utmaningar
Strategia	Strategi
Tempo	Tid
Torneo	Turnering

Scienza
Vetenskap

Atomo	Atom
Chimico	Kemisk
Clima	Klimat
Dati	Data
Esperimento	Experiment
Evoluzione	Evolution
Fatto	Faktum
Fisica	Fysik
Fossile	Fossil
Gravità	Allvar
Ipotesi	Hypotes
Laboratorio	Laboratorium
Metodo	Metod
Minerali	Mineraler
Molecole	Molekyler
Natura	Natur
Organismo	Organism
Osservazione	Observation
Particelle	Partiklar
Scienziato	Forskare

Scuola #1
Skola # 1

Alfabeto	Alfabet
Amici	Vänner
Aula	Klassrum
Biblioteca	Bibliotek
Carta	Papper
Cartelle	Mappar
Divertimento	Roligt
Esami	Examen
Insegnante	Lärare
Libri	Böcker
Marcatori	Markörer
Matematica	Matematik
Matita	Penna
Numeri	Tal
Penne	Pennor
Pranzo	Lunch
Quiz	Frågesport
Risposte	Svar
Scrivania	Skrivbord
Sedia	Stol

Scuola #2
Skola #2

Accademico	Akademisk
Autobus	Buss
Biblioteca	Bibliotek
Calendario	Kalender
Carta	Papper
Computer	Dator
Dizionario	Ordbok
Educazione	Utbildning
Forbici	Sax
Giochi	Spel
Grammatica	Grammatik
Insegnante	Lärare
Letteratura	Litteratur
Lettura	Läsning
Libri	Böcker
Matematica	Matematik
Matita	Penna
Scarpe	Skor
Scienza	Vetenskap
Zaino	Ryggsäck

Spezie
Kryddor

Aglio	Vitlök
Amaro	Bitter
Anice	Anis
Cannella	Kanel
Cardamomo	Kardemumma
Cipolla	Lök
Coriandolo	Koriander
Cumino	Kummin
Curcuma	Gurkmeja
Curry	Curry
Dolce	Söt
Finocchio	Fänkål
Liquirizia	Lakrits
Noce Moscata	Muskot
Paprika	Paprika
Pepe	Peppar
Sale	Salt
Vaniglia	Vanilj
Zafferano	Saffran
Zenzero	Ingefära

Sport
Sporter

Allenatore	Tränare
Arbitro	Domare
Atleta	Idrottare
Baseball	Baseboll
Basket	Basket
Bicicletta	Cykel
Campionato	Mästerskap
Ginnastica	Gymnastik
Giocatore	Spelare
Gioco	Spel
Golf	Golf
Hockey	Hockey
Movimento	Rörelse
Palestra	Gymnasium
Squadra	Team
Stadio	Stadion
Tennis	Tennis
Vincitore	Vinnare

Strumenti
Verktyg

Ascia	Yxa
Cavo	Kabel
Colla	Lim
Coltello	Kniv
Corda	Rep
Cucitrice	Häftapparat
Forbici	Sax
Maglio	Klubba
Martello	Hammare
Pala	Skyffel
Pinze	Tång
Rasoio	Rakkniv
Righello	Linjal
Ruota	Hjul
Scala	Stege
Torcia	Fackla
Vite	Skruv

Strumenti Musicali
Musikinstrument

Armonica	Munspel
Arpa	Harpa
Banjo	Banjo
Chitarra	Gitarr
Clarinetto	Klarinett
Fagotto	Fagott
Flauto	Flöjt
Gong	Gong
Mandolino	Mandolin
Marimba	Marimba
Oboe	Oboe
Percussione	Slagverk
Pianoforte	Piano
Sassofono	Saxofon
Tamburello	Tamburin
Tamburo	Trumma
Tromba	Trumpet
Trombone	Trombon
Violino	Fiol
Violoncello	Cello

Strumenti di Cottura
Matlagningsverktyg

Bollitore	Vattenkokare
Colino	Durkslag
Coltello	Kniv
Coperchio	Lock
Cucchiaio	Sked
Filtro	Sil
Forbici	Sax
Forchetta	Gaffel
Forno	Ugn
Frigorifero	Kylskåp
Frullatore	Blandare
Grattugia	Rivjärn
Posate	Bestick
Spatola	Spatel
Spremiagrumi	Juicepress
Stufa	Spis
Termometro	Termometer
Tostapane	Brödrost

Surf
Surfa

Atleta	Idrottare
Campione	Mästare
Divertimento	Roligt
Estremo	Extrem
Folla	Folkmassor
Forza	Styrka
Meteo	Väder
Oceano	Hav
Onda	Våg
Pagaia	Paddla
Popolare	Populär
Principiante	Nybörjare
Schiuma	Skum
Scogliera	Rev
Spiaggia	Strand
Spray	Spray
Stile	Stil
Stomaco	Mage
Velocità	Hastighet

Tecnologia
Teknologi

Blog	Blogg
Byte	Byte
Computer	Dator
Cursore	Markör
Dati	Data
Digitale	Digital
File	Fil
Font	Teckensnitt
Internet	Internet
Messaggio	Meddelande
Ricerca	Forskning
Schermo	Skärm
Sicurezza	Säkerhet
Software	Programvara
Statistiche	Statistik
Telecamera	Kamera
Virtuale	Virtuell
Virus	Virus

Tempo
Tid

Anno	År
Annuale	Årlig
Calendario	Kalender
Decennio	Årtionde
Dopo	Efter
Futuro	Framtid
Giorno	Dag
Ieri	Igår
Mattina	Morgon
Mese	Månad
Mezzogiorno	Middag
Minuto	Minut
Notte	Natt
Oggi	Idag
Ora	Timme
Orologio	Klocka
Presto	Snart
Prima	Före
Secolo	Århundrade
Settimana	Vecka

Tipi di Capelli
Hårtyper

Argento	Silver
Asciutto	Torr
Bianco	Vit
Biondo	Blond
Breve	Kort
Calvo	Skallig
Colorato	Färgad
Grigio	Grå
Intrecciato	Flätad
Liscio	Slät
Lungo	Lång
Marrone	Brun
Morbido	Mjuk
Nero	Svart
Riccio	Lockigt
Riccioli	Lockar
Sano	Friska
Sottile	Tunn
Spessore	Tjock
Trecce	Flätor

Uccelli
Fåglar

Airone	Häger
Anatra	Anka
Aquila	Örn
Cicogna	Stork
Cigno	Svan
Cuculo	Gök
Falco	Hök
Fenicottero	Flamingo
Gabbiano	Mås
Oca	Gås
Pappagallo	Papegoja
Passero	Sparv
Pavone	Påfågel
Pellicano	Pelikan
Piccione	Duva
Pinguino	Pingvin
Pollo	Kyckling
Struzzo	Struts
Tucano	Toucan
Uovo	Ägg

Vacanze #2
Semester # 2

Aeroporto	Flygplats
Campeggio	Camping
Destinazione	Destination
Foto	Foton
Hotel	Hotell
Isola	Ö
Mappa	Karta
Mare	Hav
Passaporto	Pass
Ristorante	Restaurang
Spiaggia	Strand
Straniero	Utlänning
Taxi	Taxi
Tempo Libero	Fritid
Tenda	Tält
Trasporto	Transport
Treno	Tåg
Vacanza	Semester
Viaggio	Resa
Visto	Visum

Veicoli
Fordon

Aereo	Flygplan
Ambulanza	Ambulans
Auto	Bil
Autobus	Buss
Barca	Båt
Bicicletta	Cykel
Camion	Lastbil
Caravan	Husvagn
Elicottero	Helikopter
Metropolitana	Tunnelbana
Motore	Motor
Pneumatici	Däck
Razzo	Raket
Scooter	Skoter
Sottomarino	Ubåt
Taxi	Taxi
Traghetto	Färja
Trattore	Traktor
Treno	Tåg
Zattera	Flotte

Verdure
Grönsaker

Aglio	Vitlök
Broccolo	Broccoli
Carciofo	Kronärtskocka
Carota	Morot
Cetriolo	Gurka
Cipolla	Lök
Fungo	Svamp
Insalata	Sallad
Melanzana	Äggplanta
Patata	Potatis
Pisello	Ärta
Pomodoro	Tomat
Prezzemolo	Persilja
Rapa	Rova
Ravanello	Rädisa
Scalogno	Schalottenlök
Sedano	Selleri
Spinaci	Spenat
Zenzero	Ingefära
Zucca	Pumpa

Vestiti
Kläder

Abito	Klänning
Braccialetto	Armband
Camicetta	Blus
Camicia	Skjorta
Cappello	Hatt
Cappotto	Päls
Cintura	Bälte
Collana	Halsband
Giacca	Jacka
Gonna	Kjol
Grembiule	Förkläde
Guanti	Handskar
Jeans	Jeans
Maglione	Tröja
Moda	Mode
Pantaloni	Byxor
Pigiama	Pyjamas
Sandali	Sandaler
Scarpa	Sko
Sciarpa	Halsduk

Virtù #1
Dygder #1

Affascinante	Charmig
Affidabile	Pålitlig
Appassionato	Passionerad
Artistico	Konstnärlig
Buono	Bra
Curioso	Nyfiken
Decisivo	Avgörande
Divertente	Rolig
Efficiente	Effektiv
Generoso	Generös
Indipendente	Oberoende
Intelligente	Intelligent
Modesto	Blygsam
Paziente	Patient
Pratico	Praktisk
Pulito	Ren
Saggio	Klok
Utile	Hjälpsam

Congratulazioni

Ce l'hai fatta!

Speriamo che questo libro vi sia piaciuto tanto quanto a noi è piaciuto concepirlo. Ci sforziamo di creare libri della più alta qualità possibile.
Questa edizione è progettata per fornire un apprendimento intelligente, di qualità e divertente!

Le è piaciuto questo libro?

Una Semplice Richiesta

Questi libri esistono grazie alle recensioni che pubblicate.

Puoi aiutarci lasciando una recensione
ora a questo link ?

BestBooksActivity.com/Recensioni50

SFIDA FINALE!

Sfida n°1

Sei pronto per il tuo gioco gratuito? Li usiamo sempre, ma non sono così facili da trovare - ecco i **Sinonimi!**

Scrivi 5 parole che hai trovato nei puzzle (n° 21, n° 36, n° 76) e prova a trovare 2 sinonimi per ogni parola.

Scrivi 5 parole del **Puzzle 21**

Parole	Sinonimo 1	Sinonimo 2

Scrivi 5 parole del **Puzzle 36**

Parole	Sinonimo 1	Sinonimo 2

Scrivi 5 parole del **Puzzle 76**

Parole	Sinonimo 1	Sinonimo 2

Sfida n°2

Ora che ti sei riscaldato, scrivi 5 parole che hai trovato nei puzzle n° 9, n° 17 e n° 25 e cerca di trovare 2 contrari per ogni parola. Quanti ne puoi trovare in 20 minuti?

Scrivi 5 parole del **Puzzle 9**

Parole	Antonimo 1	Antonimo 2

Scrivi 5 parole del **Puzzle 17**

Parole	Antonimo 1	Antonimo 2

Scrivi 5 parole del **Puzzle 25**

Parole	Antonimo 1	Antonimo 2

Sfida n°3

Grande! Questa sfida  non è niente per te!

Pronto per la sfida finale? Scegli 10 parole che hai scoperto nei diversi puzzle e scrivile qui sotto.

1.	6.
2.	7.
3.	8.
4.	9.
5.	10.

Ora scrivi un testo pensando a una persona, un animale o un luogo che ti piace.

Puoi usare l'ultima pagina di questo libro come bozza.

La tua composizione:

TACCUINO:

A PRESTO!

Tutta la Squadra

SCOPRIRE GIOCHI GRATIS

GO

↓

BESTACTIVITYBOOKS.COM/FREEGAMES

www.ingramcontent.com/pod-product-compliance
Lightning Source LLC
Chambersburg PA
CBHW082055120626
46553CB00011B/3415